亲子关系

孩子一生
价值千万的财富

万莹 / 著

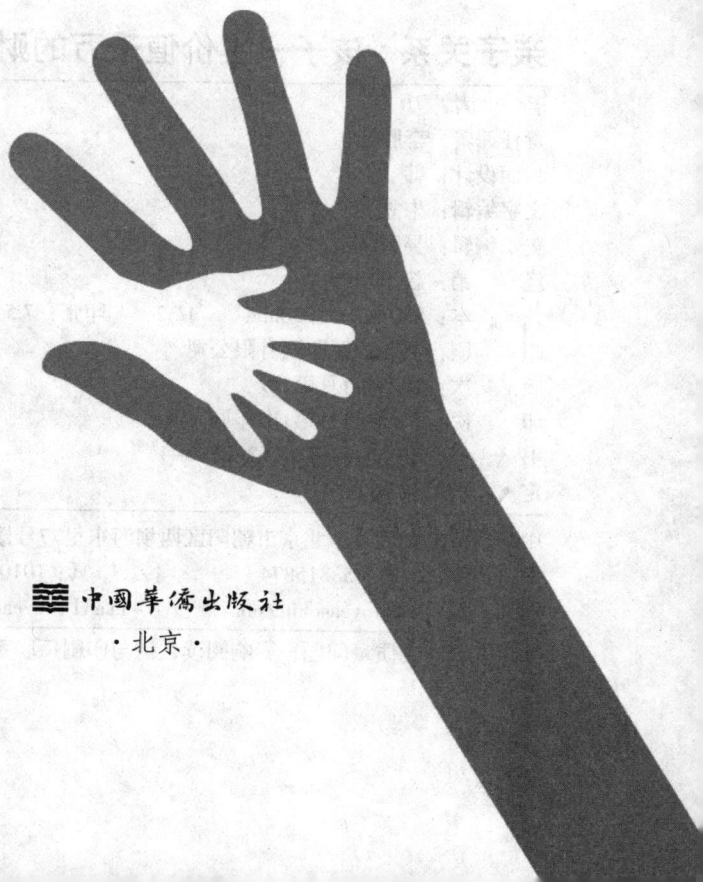

中国华侨出版社
·北京·

图书在版编目(CIP)数据

亲子关系：孩子一生价值千万的财富 / 万莹著. --
北京：中国华侨出版社，2023.1
ISBN 978-7-5113-8700-4

Ⅰ.①亲… Ⅱ.①万… Ⅲ.①亲子关系－家庭教育
Ⅳ.①G78

中国版本图书馆 CIP 数据核字（2021）第243782号

亲子关系：孩子一生价值千万的财富

著　　者：万　莹
责任编辑：李胜佳
封面设计：韩　立
文字编辑：朱立春
美术编辑：吴秀侠
经　　销：新华书店
开　　本：880 mm × 1230 mm　　1/32　　印张：7.5　　字数：165千字
印　　刷：河北松源印刷有限公司
版　　次：2023年1月第1版
印　　次：2023年1月第1次印刷
书　　号：ISBN 978-7-5113-8700-4
定　　价：38.00元

中国华侨出版社　　北京市朝阳区西坝河东里77号楼底商5号　　邮编：100028
发 行 部：(010) 58815874　　　　传　真：(010) 58815857
网　　址：www.oveaschin.com　　E - m a i l : oveaschin@sina.com

如果发现印装质量问题，影响阅读，请与印刷厂联系调换。

前言

PREFACE

　　家庭是孩子呱呱坠地最早接触的"社会"，父母是孩子相处时间最久的"朋友"，孩子要从家庭、父母那里获得各种信息，汲取成长所需的养分。孩子的成长过程离不开父母的陪伴，他们最享受和父母在一起的快乐时光，需要更慈爱的关注、更平静的接纳、更积极的引领，需要和父母建立一生的亲密关系。

　　心理学家阿德勒说："幸运的人一生都被童年治愈，不幸的人一生都在治愈童年。"由此看来，养育全面发展的孩子，家长发挥着极其重要的作用，拥有其自身都无法想象的价值。

　　很多人在当上父母之后，才会惊讶地发现，原来自己并不比当年的父母更懂教育孩子；还会发现，自己仍然在不知不觉地延续曾经的教育经历，当年那些被自己痛恨的做法，依然被施加在下一代身上。比如，对孩子因缺乏耐心而大吼大叫；一心想让孩子考名校；送孩子去各种各样的兴趣班，生怕落在别人后面；给孩子落后于时代的价值观……他们付出很多很多，却还是常常感到茫然，像被裹挟在洪流之中，停不下来。

育儿中要把80%的力气用在维护亲子关系上，育儿的本质就是维护好一段亲子关系，亲子关系没做对，以后再用力也补不回来。

本书从孩子的性格养成、情商发育、学习能力、生活态度、抗压能力、处理人际关系能力、优秀品质培养等方面着手，讲述亲子关系对孩子成长的重要性。通过大量的生活案例，将国内外心理学家、教育专家的亲子教育理念与相关研究融合在一起，变抽象理论为具体分析，让不同的家庭能够从生动的案例中得到触动和启发。

全面性和与时俱进性是本书的第一大特点，不仅涉及了很多传统亲子书籍中包含的亲子沟通、情绪管理、智商提升、高效学习等问题，更涉及近几年社会中出现的一些新问题，时代性非常强，给人以深刻启示。实用、可操作性强是本书的又一大特点，全书用大部分章节阐述了各种技巧、方法，而不是空泛地谈理论或炒作一些新奇的概念，很多方法、技巧不仅读起来通俗易懂，做起来依然简单可行。此外，本书还融入了笔者的长期研究与思考成果，相信每一位读过本书的父母，都会受益匪浅。

目录

CONTENTS

序 章

好的亲子关系让孩子受用一生

父母之爱是为了分离的爱

曾经有人说过：世界上大多数的爱都是为了在一起，只有一种爱是为了分离，这种爱就是——父母爱。在动物世界里，每一个幼崽在该自立的时候都会把它们推出去赶出家门，让它们独立生活。目的是让它们真正地长大成人，开辟自己的生活。

人类亦如此。从怀胎十月，孩子从妈妈的肚子里出来，到孩子断奶、和妈妈分床睡，再到3岁上幼儿园、7岁上小学，接着读初中和高中，然后直到有一天，孩子去了另一座城市读大学，或是出国留学。等到完成学业以后，孩子就开始拥有自己的事业，组建自己的家庭。对父母来说，这就是孩子一步步离开自己的过程，也是孩子一步步成熟、自立的过程。父母是以保护的心态把孩子完全护佑在自己的臂弯里，还是以开放心态鼓励孩子追求自我，对孩子的成长至关重要。

人们无时无刻不处在一个社会环境中，这就构成了人们社会交往中的人际关系。如果一个孩子无法适应他所在的环境，无法构建良好的人际关系，他不但不能正常地发挥自己的潜能，更不会根据环境调节自己，从而出现环境失调，即因无法适应环境，出现种种生理或心理异常。出现这种问题的孩子，多数都能从童年时期父母的养育方式里找到根源。

张先生是一家企业的人事经理。一天，他在面试新员工的时候，遇见了这样一件"匪夷所思"的事：一个 22 岁的大四男孩，竟然带着妈妈一起来面试。这个男孩一米八几的个子，看起来又高又壮，但却格外腼腆，始终低着头，不敢直面张先生。

男孩的妈妈把简历给了张先生，然后开始为张先生"推荐"起她的孩子来。张先生几次想问这个男孩问题，都被男孩的妈妈"抢答"了。无奈之下，张先生只能摇了摇头，把男孩和他的妈妈一同请出了房间。

父母总是喜欢在孩子正在努力把事情做好的时候，费尽心思地去帮孩子，这其实是孩子发展时期最大的障碍。最简单的一个例子是，在孩子两三岁开始学习自理的时候，父母会给孩子梳洗、穿衣服，不让孩子自己动手学习，殊不知这样就等于无情地剥夺了孩子的自主权。到处都设置条条框框、告诉孩子不能打破或者弄脏家里的东西、不能接触这个或那个，这样一来，孩子就没有机会练习控制自己的身体，不能学习使用日常生活中的物品，不能遵循好奇心去探索新鲜的事物，许多学习必要生活经验的机会就这样无情地被剥夺了。

如果想要孩子健康地发展，父母就要给孩子一个与孩子年龄相符、释放孩子精力的同时又配合他们心理发展的环境，给孩子充分的自由，让孩子自在成长。这样孩子将来才可能会大有作为。

需要注意的是，给孩子充分的自由，并不等同于对孩子不闻不问、听之任之。给孩子自由，但也不能忽略孩子所犯的每一个错误。父母应该尽可能让孩子自然地成长，提供给他成长所需要的，找出避免他犯错误的方法，当他犯错误后及时帮他总结经验教训。要知道，优秀的父母，不是要包办孩子大小一切事务，而是要告诉孩子生活的经验，然后让孩子独自去尝试、去感受、去总结，这无论对孩子的成长，还是对维系父母与孩子间的亲密关系，都大有裨益。

再忙也要抽时间陪陪孩子

一曲儿歌唱出了不少儿童的心声："爱我你就抱抱我，爱我你就陪陪我。"可以说，每一个孩子都有这样一个再小不过的渴望，可是即使这样微小的渴望，有时候也得不到满足。

每一个爱孩子的父母，都不应该忘记孩子这个微小的渴望，一定要提醒自己：无论多忙，也要抽时间陪陪孩子。当孩子得到父母全身心的关注时，就算是平静的几小时也会给孩子一生的记忆中留下难忘而又温馨的时刻。

作为家长，想想自己有没有做过这些事：

每天午饭时间问问孩子的情况，向孩子讲述有关自己的事情。

每周抽出一天或半天时间陪伴孩子。

每晚睡前，去孩子房间与他交谈一会儿。

"职场父母一定要多挤点时间陪陪小孩。你可以把孩子交给保姆、老人，但是谁也取代不了父母在孩子心目中的地位。千万不要以忙为借口把孩子推给别人，不管多忙，一定要记住和孩子多聊天、多沟通。"这是一位职场妈妈在总结自己的育儿经验时发出的感慨。

"在孩子小的时候，我和孩子的爸爸都忙于自己的事业，想着我们有所成就，才能给孩子一个更好的未来，才是对孩子最大的爱。因此，我们决定把孩子送回老家，交给孩子的爷爷奶奶抚养，我们每个月只要给孩子多寄一些衣服和玩具，让他在物质上得到很好的满足就可以了。

"我们努力工作，尽自己最大的力量去给孩子创造很好的物质条件。可是，等我们事业有成的时候，却痛苦地发现孩子根本不愿意和我们沟通。最为可怕的是，孩子内向多疑、胆小怕事，偶尔还会做出一些很古怪的行为。"

看着这样的孩子，我在想即使我们赚再多的钱，可以让他有一个幸福快乐的未来吗？一个缺乏爱的孩子怎么会快乐呢？现在真是后悔以前为了事业没有多陪陪孩子，没有给孩子足够的关爱。

缺少大人陪伴与沟通的孩子喜欢撒娇、任性，偶尔还会做出一些古怪的行为，他们喜欢引起大人的注意，让大家觉得他很重要。家长在发现孩子有这些行为以后，应该自我反思一下，看看是否忽视了孩子的情感需求，是否应该合理安排，挤出些时间多陪陪孩子，让他感受到你对他的爱与重视。

有这样一位父亲，自从有了儿子之后，不断地开创着自己的事业，由替人打工到创立了自己的小公司。公司生意蒸蒸日上，发展态势很好，这位父亲整天忙得团团转，忽略了在成长中的儿子，他和儿子在一起的时间也越来越少了。

一个周末，这位父亲出差两周后回到了自己的家中，已是午夜时分，他的儿子早已经睡着了。当他将随身的文件放进书房时，却看到书桌上有一张纸条，内容是这样的："我的好爸爸，我好久没看到你了，你是个做生意的能手，可惜你是个'冰箱'爸爸，别的小朋友爸爸的爱是热的，你的爱却是冰冻的。"

儿子的话给了这位父亲巨大的震撼。从此，无论再忙他也会抽出时间陪可爱的儿子说说话，谈谈自己工作上的趣事，再聊聊儿子学校里发生的事情。这样相处的时间多了，他们的父子关系便变得融洽了。

这个故事的确具有一定的代表性，尽管现在的家长面临着各种生存压力，早出晚归，很少与孩子交流，但在一个完整的家庭里，对孩子而言，无论是爸爸，还是妈妈，都是他们每天生活中不可或缺的一部分。做父母的一定要知道，与孩子共同参与活动，对于亲子关系非常重要。

明白了这个道理之后，家长就应该想一想怎样才能更加亲近孩子。

家长多抽出些时间陪孩子一起做他们热衷的事情，是非常重要的。花越多的时间了解孩子，家长就越可以有的放矢地为孩子做心理辅导工作，教会他相关的生活技能，鼓励他实现自己的梦想。总之，孩子有了家长的陪伴，就会更加热爱生活、更加活泼开朗。

给孩子游戏和成长的空间

在自然界中，所有动物都喜欢做游戏，可以说游戏是动物的天性。詹姆斯博士认为，在这种游戏中，动物不仅得到了快乐，能力也得到了发展，比如小猫逗弄老猫的尾巴，能够锻炼它捕捉老鼠的能力。

对于儿童也一样，为了他们生存必需的一些能力，游戏是必不可少的。因此，父母应该给孩子游戏的空间，这对他们的成长必不可少。

对孩子来说，早期的游戏完全可以成为学习的机会，但需要注意的是，这种游戏并不是给孩子买玩具或玩电子游戏，而是一种需要父母特别设置的游戏。在这方面，父母可以参考美国著名教育家卡尔·威特的一些教子方法。

老威特几乎没有给小威特买过玩具，他认为孩子从玩具中学不到什么知识。他相信，玩具是一把双刃剑，利用不好的话可能会起到反效果，而且他尤其反对那些给了孩子玩具就不再过问孩子的父母，对这种行为提出非常严厉的批评。

　　当然，老威特也意识到，不给小威特买玩具，但也不能让他失去一般孩子都应享有的童趣。

　　为了让小威特在玩耍中增长知识，老威特在他家的院子里修了一个大游戏场。在上面铺上了厚厚的沙子，周围还栽有各种花草树木。由于沙子铺得很厚，下了雨马上就干，坐在上面也不脏衣服。小威特在这里观花捉虫，培养对大自然的感情。

　　此外，应小威特的要求，他父母还专门为他配了一套炊事玩具，尽管他还是个孩子，但凡是大人要做的事他也什么都想做，尤其对厨房的活，总是想插手。现在有些父母觉得孩子的这种癖好太琐碎，有些父母甚至对此十分厌烦，这实际上是在埋没孩子的天性。而小威特的父母则认为，对于孩子的这种喜好，如果能引导得好，就能使儿童的知识极大地丰富。

　　小威特的父亲正是从此着眼，给他准备了一套炊事玩具。

　　小威特的母亲与其他母亲不同，她不是把炊事玩具给孩子就撒手不管了，而是借此进一步开发相关方面的潜能。

　　小威特母亲习惯于一边做饭，一边耐心地解答小威特提出的各种问题，并且还监督小威特，让他用炊事玩具学做各种菜。

　　小威特的母亲还通过各种娱乐游戏来使小威特从中享受到获得知识的乐趣。比如，有时小威特当主妇，妈妈当厨师，妈妈向小威特请示各种事情。如果小威特下达的命令不得要领，那就失去了当主妇的资格而降为厨师。

这时，当上主妇的妈妈就发出各种命令。如果小威特拿错了佐料，那么接下来他就连厨师也当不成了，只好被"解雇"了。

此外，老威特还为小威特做了许多形状各异的木块，他用这些木块盖房子、建教堂、修塔、架桥，或者筑城。由于建筑游戏需要游戏者仔细动脑筋，因此它非常有利于孩子的智力开发。

老威特认为，与孩子做游戏要有规划，应当让他尽量地动脑筋，这样孩子就不会感到无聊，也不会借此哭闹滋事，还对孩子的智力开发起到了良好的作用。

父母不必在孩子面前充当权威

著名作家刘墉告诫为人父母者：父母不必在孩子面前扮演权威的角色，因为没有一个人是权威。照照镜子再来教育孩子，不要拿自己做不到的事情来要求孩子。

是的，孩子既不该受清规戒律的束缚，也不应受到权威的压抑。在权威压抑环境中成长的孩子，他们精神上就会产生种种缺陷，尤其是孩子的辨别能力会萎缩。如果没有辨别能力，也就谈不上有独特见解和创新精神。为了培养孩子的辨别能力，使孩子的身心健康成长，我们决不能用不准反驳的权威去压抑他们，而应该耐心地顺着情理去疏导他们。

现实生活中，让孩子和父母一起平等地争辩讨论，仍然是很多当代父母难以接受的事情。他们总以为这样会降低自己作为父母的权威身份，如果在争辩中，让孩子看到自己知识上的不足，抓住了错误，会更加丢面子。

其实这种担心是不必要的，父母与孩子争辩是件有益的事。德国汉堡有位心理学家通过多年的实验观察后证实："两代人之间的争辩，对于下一代来说，是走向成人之路的重要一步。"心理学家认为："能够同父母进行争辩的孩子，在以后会比较自信，有创造力和合群。"

因此，孩子与父母争辩，不要怕丢了父母的面子，不要担心孩子不尊重你，与你为难。孩子也是讲道理的。你与孩子争辩，孩子觉得你讲公平、讲道理，他会打心眼里更加爱你、信赖你。你要孩子做的事，他通过争辩弄明白了，会心悦诚服地去做。你有难题，孩子参与争辩，也能启发你。这有什么不好呢?

对孩子来说，与父母争辩是一种自信、自立、自尊、自强的表现，是一种心理的宣泄。心理学家说："争执能帮助孩子变得自信和独立，在对抗中他们感觉到自己受到重视，知道怎样才能贯彻自己的意志。"争辩表明孩子在走自己的路，认真思考问题，次数多了，他们会明白父母以及自己并不是样样都正确。这样孩子就能弄清是非曲直，学会估量自己，了解自己的能力，养成实事求是、坚持真理、以理服人、平等公正的好品质，形成好的人格。

父母允许孩子争辩，还能活跃家庭气氛，在感情交流、思想沟通中，表现了一种亲情和友爱，能够架起一座通向孩子心灵的五彩桥，它能促使孩子体验父母情感的变化，正确对待父母和自己，正确对待所辩论的问题，化解矛盾，获得共识。如果一个孩子从不与人争辩，总是与世无争，那么，他的勇气、进取心、正义感等就值得怀疑了。

允许孩子和父母、老师辩论、讨论，不要剥夺孩子和成人沟通交流的权利和孩子对立起来。太多的"不准"，又不给孩子解释为什么，不许孩子询问，这样树立权威的父母和老师失去的是孩子的信任和尊重。我们必须知道，尊重是树立"权威"的前提，只有相互尊重，家长和孩子才能实现沟通的和谐畅通，才能真正了解孩子的内心需求。

另外还有一个父母常犯的错误，就是当孩子提出一个答不上来的问题时，为了保住面子，随便给出一个错误的答案，甚至以大声呵斥来掩饰自己的尴尬，绝对不要这样做。大人不要因为一时答不出孩子的问题而感到丢脸。其实，世上的万事万物，谁会什么都懂？不如老实对孩子说："我也不太清楚，我们一起来研究吧！"这才是正确的态度，且可以教孩子凡事要求真、不虚伪、实事求是，这才会有进步。

当孩子提出问题时，要给予鼓励，并耐心地作答，决不欺骗孩子。在教育上，再没有比教给孩子错误的东西更可恶的了，这个错误可能会影响孩子一生，因为最初的印象往往是最深刻的。所以，在对孩子的教育中，要坚持竭力排斥那些不合理的和似是而非的知识。在给孩子解答问题时，要尽量做到你的说明不难懂，而且充分考虑到孩子在现有的知识与思维能力下，是否能完全加以接受。父母如果随便给一个过于深奥的答案，孩子不能理解，结果仍然解不开心中的疑团，他们会一直不停地追问下去，很多父母就是这样被问烦的。

不要认为由于你比孩子懂得多，就有资格在他面前充当权威。当孩子问到你自己也不懂的问题时，你应该向他承认。假如，孩子问到你天文学方面的问题，你根本就一无所知，那么你就干脆老实地回答说："这个爸爸也不懂。"于是你们两个人就可以一起翻书，或者去图书馆查阅资料，一起把那个问题弄懂，并且向孩子表示感谢："如果不是你今天提问，爸爸至今也没弄懂这个问题呢。所以你以后要多多提问，我们一起来学习知识。"在这样的鼓励下，孩子的问题肯定会源源不绝。

等到孩子再大一点，懂的知识更多一点，他再提出问题时，你不必立刻给出答案，而是让他先思考一下尽力自己去找出答案来。如果孩子给出的答案和你的不同，你也不能一口否定，而是帮他分析，找出错误。有时候，你可以说："其实你的答案也有道理，也许是爸爸错了，我们去看看书上怎么说吧。"

在整个教育过程中，我们都应坚持将自己放在与孩子平等的地位上，从而也给孩子灌输不迷信权威、追求真理的精神。

在比较中发现孩子的进步

我们看什么事物都得有个参照物，你才能对其加以判断。"是"是"非"的参照物，"远"是"近"的参照物，"美"是"丑"的参照物。我们激励孩子也同样需要参照物，需要加以比较，这才能显出他到底是进步了还是后退了，是成熟了还是一如往日。

我们这里所说的在比较中激励孩子主要从三个方面来说：第一，和艺术作品中的孩子或成人进行比较；第二，同现实中的人进行比较；第三，同孩子自己进行比较。

"艺术源于生活"，虽然艺术品中的人物大多是虚构的，有的近乎完美，有的一无是处，但这并非无法比较。我们可以拿取其中的一个点或一个面就行了。

许多好的影片和书籍不知使多少人为之振奋。影片和书籍中的英雄人物也不知不觉成了人们比较的对象，如《小兵张嘎》中张嘎的机智、勇敢，《英雄儿女》中王成的大无畏等。虽然他们做出了令人们敬佩的事，但他们身上的优点并不是被他们垄断了，可能千千万万个人都拥有，只是没搬上荧幕而已，只要你稍加留意，就会发现这种优点往往在纯真的孩子身上体现得更明显。

当你的孩子做了一件帮助他人的事，你可以拿雷锋做他的榜样；当你的孩子面对挫折不屈不挠时，你可以说他有保尔的钢铁意志；当你的孩子为了失学儿童而砸碎自己心爱的储蓄罐，你可以给他讲电影《一个都不能少》的故事。你觉得这话说得有些夸张吗？其实从心理学的角度说，儿童有一种特强的模仿力。你们既然把他们比成英雄，他们就会觉得自己是个英雄，做什么事都得拿出点英雄气概来，不知不觉地会去模仿英雄的为人处事。就像一个班集体中的班干部一样，你是班干部，你就得带头，做出榜样，让人服你。

　　不管怎么说，艺术作品中的人物总不如现实生活中的人物有血有肉。当你还小时，你父母也许常对你说这家的孩子乖，那家的孩子学习勤奋等。当时你有何感想？你是否觉得那家的孩子真的那样呢？不，你肯定会想，那家的孩子不乖的时候你没看到，乖的时候恰恰被你发现了。这样对孩子产生了好的效果吗？但如果你说，我家儿子最乖了，都知道自己收拾房间了，邻家孩子就不如你，房里乱糟糟，让他父母每天累得……这时你的孩子的虚荣心，或叫上进心吧，会使他们想得到更进一步的激励，说不定明天就开始帮你扫地、做家务了。以证实他的确比邻家某某优秀得多。

　　随着孩子一天天长大，他们不再问"麻雀知道它们叫麻雀吗？""电视机吃不吃饭？"这类问题，他们开始问你怎样对待老师、同学，怎样整理好东西，怎样做饭等问题，这说明他们开始懂得要独立生存了。提问的本身就是值得大加称赞的，你还有理由保持你的"金口不开"吗？

　　当然，上面说的是一个大的过程。我们要从小事做起，假

14

如小王说他孩子："上次你语文才考了 73 分，这次一下子蹦到 80 分，我女儿了不起，进步真大呀，真让爸爸高兴。"这时他女儿见爸爸这么高兴，又夸奖她，兴奋地说："爸爸，这次发挥得不好，下次我考个 85 分给你看看。"女儿能这样说，说明小王的话已生效，剩下的就是他女儿向 85 分奋斗的过程了。

有些家长就对孩子要求过高，不仅不懂得赞美，反而大加责备。一个孩子说："上次我数学考了 98 分，全班第一，妈妈很高兴。可这次我只考了 89 分，得了第四名，妈妈狠狠地骂了我一顿。这次题本来就比较难呀！再说我也不可能保证次次考第一吧。"在这儿，这位妈妈就陷入了教育孩子的误区，没有用比较激励法。只看到孩子分数、名次的稍微下降，没注意孩子思维等素质的提高，打击了孩子的自尊心。

总之，在比较中你会发现孩子的进步，也可以根据孩子的实际情况，提出更适当的更高的要求，使孩子更快进步。比较中激励孩子可以使孩子做得更好，对自己抱有更强的自信心去迎接明天的挑战。

给孩子以成长需要的爱

心理学家费洛姆在经过长期研究以后，将爱的表现形态归结为四个方面：关心、尊重、理解、责任。

关心，就是对孩子的照料。这对孩子来说太需要了，年幼的孩子，遇到困难特别多，饮食起居、学习、身体都需要父母的照料。不但要关心孩子的物质需要，也要关心孩子的精神需要。但关心不是包办代替，不是越俎代庖，不是放任，不是溺爱，不是过度保护、过度干涉，不然，关心就会走向反面。

　　尊重，就是要平等地对待孩子，尊重孩子的人格、兴趣、意愿，而不压制他的个性。

　　有一位小学生，叫小明，爱集邮，却遭到父母反对，"集邮有什么好，只会浪费你的学习时间，花费家里的钱。"父亲还说："不许你集邮了。"小明恼了，顶了父亲一句："集邮有什么不好？"父亲火了："你还敢顶嘴？我把你的邮票烧了。"说着，真的将邮册投进了炉火里。儿子的心像刀割一般，这可是他几年的积累。后来在一次作文竞赛中，他把从邮票上学到的知识用到了作文上，获得了第一名。可他不想把这喜讯告诉父母，因为父母的言行在他心中投下了阴影。

　　应该说，小明的父母本意是好的，但他们没有尊重孩子的独立个性，剥夺了儿子的集邮爱好。把自己对前途、对成才的看法强加给儿子，认定集邮是浪费学习时间，并以居高临下的权威地位，以不平等的强迫命令态度去处理儿子的个性爱好。

　　这种缺乏尊重的爱不能算是真正的爱。因为父母没有把孩子当成一个在人格上平等的、独立的人那样去爱。

　　理解，就是对孩子深入地了解。家长要能站在孩子的立场上想问题，分析问题。只有真正理解了孩子的困难、愿望和要求，爱才能落到实处。

上四年级的小丽，放学回家就向妈妈抱怨："老师太狠心了，这么多作业，真不想做了。"

妈妈走过去温和地问："都有哪些作业？"

"你看，数学计算题15道，应用题5道，还有语文课文背诵、问答题、小作文。"

"是太多了，考试前这些天够辛苦的。是否一定都要做？"

"那倒不是，有几个题，老师说来不及可不做。"

"那就先休息10分钟再做吧，反正不一定全做。"

"那怎么可以呢，万一不做的那几道题刚好考到呢？"

小丽边说边摊开书本、作业本，在温馨的氛围中认真地做起作业来。

其实，小丽并不是不想做作业，而是求得母亲的理解。"真不想做"，是她负向情绪的一种语言宣泄，并非她本意真的"不想做"。这位善解人意的母亲很快化解了女儿的烦恼。

责任，就是要对孩子有一种主动负责的精神，这是更高层次的爱。这种爱，渗透生活的各个方面，无论孩子是俊是丑、智商是高是低、表现是好是差、身体是健康还是残疾，我们都要爱他，都要对他负责。

杭州有一位女孩叫杨洋，她是我国第一位通过平等竞争进入普通高校深造的聋人大学生。她之所以能冲破障碍、超越自我获得成功，就是因为有非常爱她的父母。

　　杨洋是4岁时由于耳毒性药物致聋的，可她父母不认命：不能让女儿聋了又变哑。为了让女儿到普通学校读书，父母决定用汉语拼音教女儿说话。于是当工人的父亲每天下班回家，就教女儿"a—o—e"，可对声音毫无感觉的女儿，几百次发音却是几百种奇怪的声音，父亲总是耐心地边教边听。偶尔逮住一个较准的发音，就让女儿不停地练习，可又是几百次千奇百怪的声音，父亲仍然耐心地教、耐心地讲……年幼的女儿不耐烦，恼了，父亲就拉着她的小手与她做游戏，表演有趣的故事。就这样，父亲教会了女儿一年级的语文、数学。好不容易进了普通学校。为了这来之不易的学习机会，父母腾出了家里最大的一间房，竭尽全力买来了小孩爱看的课外书、爱玩的扑克、象棋，准备了小零食、开水……吸引女儿的同学放学后来学习和活动。这样可通过他们了解教学内容和进度以及老师的要求，从而有效地帮助女儿的学习和生活。

　　在父爱母爱的阳光雨露下，奇迹出现了，杨洋不但上了省重点中学，而且以优秀的成绩考上大学本科，成绩还保持在前三名。她通过竞选当上了系里的团委组织部副部长，在大学入了党。现在杨洋已参加了工作，能用语言与人交流，真正融入了社会。

　　由此看来，父母对孩子真正的爱，应是孩子健康成长需要的爱。而且爱是一种被动的感觉，不以父母自己感觉"爱孩子"为标准，而是要看孩子是否感觉到。这种爱应是稳定的，像太阳一样永恒；是及时的，要求父母细心、敏感，当孩子需要时，马上给予；是行动的，不仅仅是口头上的，更要用实际行动去体现。这样，孩子才会感受到父母真正的爱、可靠的爱。

把赏识当成孩子成长中的需要

孩子就像一棵树苗，他们渴望被赏识，渴望被肯定，就像树苗渴望春雨一般。赏识和肯定会让孩子更加自信和快乐。因此，父母应该把赏识当成孩子成长过程中的一种必需品。

也许有的父母担心，一味地肯定孩子，会不会让孩子变得禁不起挫折和批评？还有的家长担心给孩子的肯定太多，会让孩子变得特别在意别人怎么看自己。其实这些想法的产生，是因为没有把赏识和表扬区别开来。赏识和表扬还是有区别的。表扬是把注意力放在孩子身上，而赏识则更加注重孩子所做的事情。

有的父母觉得赏识就是说好听的，或者简单戴高帽子，其实是一种错误的理解。孩子的成长离不开家长的赏识，如果家长总是不将对孩子的肯定说出来，会令孩子感到失望和不满。相反，如果家长总是能肯定孩子，用一种赏识的眼光看待孩子，对于开发孩子的潜能有着相当大的益处。

但是不少父母总有这样一个观念，那就是"我的孩子还不够好"，怎么去赏识他呢？其实，每个孩子都有值得称赞的地方，许多父母之所以觉得自己的孩子不够好，主要原因是对孩子的期望过高，已经超过了年龄段应有的能力。所以，他们表现一般时，家长就会觉得孩子很差劲，或者没有什么天赋，甚至会出言批评他们。三年级以下的孩子写作文的能力都很一般，这时候如果大人觉得"你写得还没有我好呢"，孩子的自信心和积极性就会受到影响，甚至不愿意写作文，害怕作文考试。

如果家长拿孩子的昨天和今天比较，多看看孩子的进步，就能找到一些孩子的优点、进步来鼓励他。这样的话，孩子会更加有信心。"我发现你说话越来越有条理了""你讲的故事真有趣"，这样一些具体的表扬和赏识能帮助孩子建立信心。

家长在和孩子交流的时候，若能表现出对孩子的欣赏，他们才能拥有成就感，而有成就感的人就容易对自己产生信心，有信心的人就能爆发出更多的潜能。肯定孩子、赏识孩子，实际上就是为孩子的成长搭建平台。

有一位著名的国际妇女活动专家说："现代人类最本质的动力不是追求物质与器官的享受，不是满足生理上的需求，而是满足成长的需求和发挥个人最大的潜力。"

总之，懂得赏识和赞美的家长，才能给予孩子及时的鼓励和赞美，获得赞美的孩子才会一点点做得更好，才能一步步在赏识中走向美好的未来。

疼爱孩子，也要懂得如何责罚

每个父母都是爱孩子的，不想责罚孩子。可是，适当的责罚在教育中是很有必要的。

首先，恰当的责罚会让孩子真正意识到做错事情的后果。

每个孩子都会有犯错的时候，犯了错误之后，有一些家长出于疼爱，觉得只要让孩子知道这样做是不正确的就可以了。其实，孩子需要为其错误的行为付出一些"代价"，才会意识到这种错误行为的真正后果。

其次，只有适当地责罚孩子，才能让孩子真正学会一些规矩，这对于孩子学会守规矩十分重要。

有不少家长给孩子定了规矩，却没有相应的责罚，结果孩子还是不遵守规矩。如有些家长告诉孩子吃饭按时吃，可是当孩子没有按时吃饭，说自己肚子有些饿的时候，立马又跑到厨房给孩子做饭，还边做饭边说"不是告诉你了吗，要按时吃饭"。

当孩子看到即使不按时吃饭，想吃还是能吃到时，他按时吃饭的观念立马就降到了最低点。

李立总是不按时吃饭，每一次都需要妈妈催促，结果还是收效甚微。这让他的妈妈很头疼。有一次，李立的妈妈把这件事告诉了李立的同学张毅的妈妈。

"那他要是饿了怎么办？"张毅的妈妈问。

"再给他做呗。"李立的妈妈无奈地说道。

"你可以这样试试，如果他不按时吃，你就不要再给他做了，饿他一次试试看。"张毅的妈妈建议道。

结果，李立的妈妈再次让李立吃饭的时候，没有再三催促，就只告诉他要吃饭了，李立还是不以为然，没有去理会。当他饿了，要求妈妈再做时，被妈妈拒绝了，并告诉他"以后过了吃饭时间，妈妈是不会再单独给你做饭的"。结果下次，李立不用妈妈叫，自己赶过来吃饭了。

最后，适当的责罚会让孩子更加坚强。

父母总是害怕孩子受到各种挫折、各种困难。可是，挫折、困难却是人生中不可避免的。作为父母，与其白费力气担心孩子受挫折、受打击，还不如帮助孩子培养在挫折和困难中坚强面对的心理素质。

好的家庭教育一定是赏罚结合的。当然，父母必须注意"责罚"孩子的手段，体罚、当众责罚孩子是不可取的。

尊重孩子，别扮"监工"

现在的孩子不缺吃不缺穿，但是他们却缺少一样最重要的东西——自由。他们没有选择的自由，没有交往的自由，没有玩耍的自由，没有尝试挫折的自由，即使有，也是受了很多限制的自由。他们的一举一动都在父母的监管中。

"我要当'监工'去了！"一到下午 5 点左右，李女士便匆匆忙忙往家里赶，因为这是儿子放学的时间，她得同步到家对孩子进行"监管"。而儿子刚上小学一年级的王女士，也想着要换成上早班，以便"同进同出"盯住儿子。这种"严防死守"的战略，如今正成为许多家长管教孩子的经验。

虽然专家都强调要和孩子交朋友，给孩子自由的空间，但是家长们还是觉得当"监工"最容易。这样可以让孩子时时刻刻离不开自己视线，按照特定行为规范行事，时时提醒和监督，稍有懈怠和不从就立即给予训诫，让孩子按部就班地直奔目标。

也许这一手段很见效，很让父母们省心。孩子乖乖按照父母的意思和"制度"行事。可是难道孩子是真的心甘情愿、心悦诚服了吗？那不过是他无力反驳和反抗而已。他在内心里仍然会坚持自己的想法，而且还多了一份对这种"霸道"的反感。

何况孩子天生就有一种逆反心理。他的独立意识让他在面临严厉批评，尤其是不公正的批评时，心里暗暗地说"不"，直至公开地作对。大人不让动的东西偏要动动看，大人不让做的事情偏要干一干。

"让孩子赢在起跑线上"，这里面包含多少成年人想当然、一厢情愿的成分？随着孩子的长大，成人对孩子更加不放心和不信任。于是一些父母偷听电话、偷看日记，甚至用私人侦探跟踪的办法来"监督"孩子的生活。

父母以"监工"的身份来压服孩子，有一个非常不好的后果。父母可以用这种手段把孩子培养为"听话的孩子"，但听话的孩子就是傀儡，就是没思想没内容的机器。可以想象一个没有主见、没有判断能力，甚至唯唯诺诺的人，等他遇到了比自己更强的人，是不是会俯首称臣、任人摆布呢？

1900年，梁启超写下了激扬一代中国人的《少年中国说》，"少年富则国富，少年强则国强"。而今天，梁启超曾寄望少年应具有的进取、创新、盛气、豪迈、"常思将来""常觉一切事无不可为"的气质在青少年一代身上还依稀可见，希望他们可以继续发扬。

只有身心快乐的孩子才会走向成功的顶点。老舍先生也提倡对待儿童必须有平等的态度，主张尊重儿童，像对待好朋友一样。希望普天下的父母都有这样的态度和胸怀，坚决避免像"监工"对待囚犯那样，对孩子加以震慑和监管。只有如此，才能避免悲剧的发生。

松开手中捆绑孩子的线

向往自由是人类的天性，18世纪法国大革命的思想先驱卢梭曾经说过"不自由，毋宁死"，来表达自己对于自由的渴望。

孩子也有同样的渴望，他们也需要自由的空间。尤其是随着年龄的增长，孩子更不喜欢大人打扰属于自己的那片清幽的小天地，他们总有那么多"不能说的秘密"，需要一个人在夜深人静的时候独自享受。

15岁的初三女孩小兰，为父母一直把她当作小孩子，限制她的自由感到特别烦恼。

她所做的每一件事都是父母为她安排的。她感觉到自己像一个玩具，毫无自由可言，连每天吃什么、穿什么、看多长时间书、做多长时间功课、练多长时间古筝、看多长时间电视、几点上床、几点起床，甚至连她日记中写的什么内容，父母都要干预……

尤其让她感到不舒服的是，学校就在家对门，父母还要坚持每天接送她，这让她在同学面前很没有面子，感觉自己是一个实实在在的"囚徒"……

孩子的成长需要自由的空间。要想使他们茁壮成长，父母就一定要给他们活动的自由，而不是把他们控制在一个小小的"鱼缸"，让他们成为鱼缸中悲伤的鱼儿。

父母管孩子，是出于对孩子的爱，这对于孩子健康成长是必需的，然而在现实生活中，有的父母总想事事都替孩子管，这会扼杀孩子的天性，令孩子产生窒息的感觉，甚至会对父母心生怨恨。

这是父母和孩子都不愿意看到的后果，也是让父母和孩子都感到很委屈的一种后果，这个时候，父母想：我那么爱孩子有错吗？然而孩子会反过来想：为什么你们的爱会让我如此痛苦，你们这么做是真的爱我吗？

生存法则告诉我们：动物如果学不会自己捕食的话，就有可能饿死。孩子也是同样，在父母庇护下长大的孩子通常没有在社会独自生存的能力，一旦父母因为一些原因无法顾及他们，他们就只能被社会淘汰。

心理学家贝克说得好："对子女督促过严的父母，也许可以逼使孩子养成良好的习惯，却也会使子女有不安、依赖、胆怯、敢怒不敢言、不爱做劳心工作，以及不喜欢参加有创造性的活动等缺点。比较起来，这种教养方法是得不偿失的。"这番话很值得父母深思。

著名的教育工作者孙云晓曾说过："中国的父母正在辛辛苦苦地酝酿着孩子的悲剧命运，争分夺秒地制造着孩子的成长苦难。实际上，我们的父母在和自己作战，用自己的奋斗来击毁自己的目标。"父母限制孩子的自由，实际上是在制造孩子和自己的距离，在某些时候会导致"控制"和"反控制"的斗争越演越烈。

父母应克制自己的想法和冲动，只有真正把属于孩子的空间还给他们，让他们从单一的学习中解放出来，让他们的生活变得丰富多彩起来，让孩子成为自己的主人，他们才能获得真正的成长。

对此，父母一定要给孩子足够的自由，对一些无关紧要的事情少管或不管，让他们养成独立生活的习惯。同时，避免他们因这些小事产生逆反心理，拒绝接受所有的要求，包括合理的要求。

第一章

亲子关系攸关孩子的性格养成

让主导型孩子雷厉风行又不目中无人

主导型孩子喜欢那种高度投入、充满能量的活动状态，他们做事几乎依循自己的冲动进行的，而很少去考虑自己的动机。正是因为如此，相对其他类型的孩子来说，主导型孩子是不受约束的，他们能够迅速地把大量精力投入自己安排的活动中，一旦欲望出现就会很快付诸行动。这种雷厉风行的做事风格，能够让健康状态下的主导型孩子在第一时间抓住最好的发展机会，以最好的状态展现个人能力，并且在行动过程中进一步提升自己的综合实力和个人影响力。

但是因为他们过度追求权力，并且受到强烈的控制欲的影响，他们有时候会表现得目中无人。其实主导型孩子通常能够找到切实可行的方法来减轻别人的麻烦或者心理压力，如果能够克服人际交往中的障碍，他们具有可以让自己和周围的人生活得更加幸福的潜能，而且极有可能在长大之后在自己的活动领域中做出一番成就。

为了改善主导型孩子的人际关系，父母应该帮助主导型的孩子更好地适应生活。首先要教会孩子基本的社交礼节，让他学会使用"谢谢""对不起"等礼貌用语。主导型孩子总是不拘小节，而且他们总是觉得自己有义务去指导、纠正他人，所以他们很少会对别人说"对不起""谢谢"之类的话。这时候，父母要有意识地通过言传身教，让他们懂得在社会交往中礼节的重要性，尤其是要懂得怎样对别人表示感谢。

主导型孩子常常会因为心直口快得罪别人，所以父母应该将训练孩子的说话技巧作为改变孩子的重点工作来做。当孩子说出不合时宜的话时，父母要告诉他这么说话会让别人感觉不舒服或者是难堪，但是必须肯定孩子的初衷，随后再告诉孩子同样的意思换另外一种方式表达出来就会更容易被别人接受。如果父母能够长期这样做的话，就可以让孩子在不知不觉中接受你的建议，改变自己的行为方式。

很多集体中的主导者都有过这种困惑："为什么我做的一切都是为了大家好，但他们却都离我远远的？"其实这都是因为他们自视甚高。因此，主导型孩子的家长就要有意识地引导孩子放低姿态，让他们懂得亲和力的价值。在主导型孩子的眼里，帮助他人就是对弱者的施舍。所以，在面对请求他们帮助的人的时候难免会表现出一种高高在上的感觉。为了能够让他们理解亲和力的价值，父母要仔细观察他们的言谈举止，在他们亲切友好的时候，要及时提出表扬，时间长了，爱的种子就会在他们的心里生根发芽，当他们带着爱心来理解和帮助别人的时候，自己也会找到心灵的平静，脾气也就不会那么暴躁了。

主导型孩子倾向于高估自己的力量，觉得自己很重要，并希望借此来使别人对自己心生畏惧，迫使别人服从。当他们所希望的与现实情况不一致时，就很容易大发雷霆，因此训练这类孩子控制情绪的能力也是很重要的。例如，可以让他们在每次将要发脾气时先冷静三分钟思考一下有没有必要、值得不值得发脾气等，引导他们正确面对问题并且正确认识自己的能力，还可以教他们一些客观评价自己的方法，防止他们陷入极端的情绪中。同时要让孩子知道，如果一定要和别人较量，要先看清形势，有时候用妥协和对话的方式也可以解决问题，而不一定要大吵大闹甚至是大打出手。

多听听和平型孩子的心声

丹丹是科学兴趣小组的成员。每次小组成员跟老师一起讨论实验步骤的时候，丹丹总是不说话，等到其他人都说完之后，她才在老师的催促下慢悠悠地说出自己的想法。有时候，当她说完自己的想法，有同学提出异议，她就会马上说："是啊，我也觉得我的想法有问题，你说得对！"

丹丹是一个典型的和平型孩子，这类孩子总是给人一种毫无主见、容易妥协的印象。如果让他和其他人一起发表意见，他一定是最后一个说话的，而且通常是对别人的肯定。如果他偶然提出了不同的意见，也总是底气不足，只要有人稍有疑问，他就会马上妥协。

其实，这是和平型孩子一贯的思维模式决定的。他们习惯于凡事都站在他人的立场去思考，以至于忘了自己的观点。因为只有当他和别人表示一致时，才会觉得自己所做的行为是符合维持外界和平宁静的需要的。出于这种行为思考模式和价值观，和平型孩子很小的时候就有从不同角度理解不同人的心理的能力，他能够理解不同立场的出发点，因此他的随声附和可以说是建立在理解的基础之上的。此外，这些孩子很害怕发生冲突，当周围的人出现对立的情况时，他们会感到左右为难，甚至会害怕因此破坏自己平静的内心，因此他们总是迫不及待地想要通过自己的妥协来避免冲突，保持周围环境和自己内心的平静。

如果爸爸妈妈就和平型孩子应不应先写作业的问题进行讨论，双方各执一词，互不相让。爸爸说可以先玩一会儿再写作业，妈妈则坚持说小孩子必须要有良好的习惯并且要建立规律的作息时间。这个时候，如果爸爸先和孩子说"你没有必要一定要先写作业，先休息一会儿也可以"，那么这类孩子会说"我也觉得是"；如果紧接着妈妈又对他说"小孩一定要养成先写作业的好习惯"，那么孩子就极有可能又掉过头来附和妈妈"老师也说应该先写作业"。不仅在家如此，和平型孩子在外也会经常附和别人的意见，哪怕这些意见原本就是相互矛盾的。看到孩子这种情况，很多家长都为孩子没有主见而发愁，担心这样的孩子以后在复杂的社会上无法立足。

那么父母可以做些什么来帮助和平型的孩子更好地适应社会呢？

1. 让孩子表达自己的意见，让他们学会说"不"

和平型孩子虽然外表看起来很容易得到满足，但是内心总是觉得别人对自己漠不关心，所以很少表达真实的意愿，父母应该教会孩子堂堂正正地表达自己的意见和要求。从发展心理学上来看，人类所学的第一个抽象概念就是用"摇头"来表示"不"，这个动作是自我概念的起步，它不仅代表着拒绝，也代表着选择，而每个孩子都是在通过选择来形成自我、界定自我。所以，和平型孩子的家长有必要教会孩子如何拒绝他人，如何对别人说"不"，家长不妨为孩子做一个生动的亲身示范，教会他们用得体的方式拒绝他人。

2. 让孩子学会选择，并为自己的选择负责

从日常生活中的小事开始，让孩子学会自己选择和决定，比如今天要穿什么鞋子去上学，在商店想买哪个布娃娃。孩子开始的时候可能不知道怎么选择，但是为了孩子的未来，父母要有耐心，直到他们学会选择为止。此外，父母也不要过于保护孩子或者替孩子承担责任，如果孩子受到了朋友的影响做了错事，要询问孩子遇到的状况，随后鼓励他们为自己的行为负责。

总之，作为和平型孩子的家长，应该有意识地去问孩子："宝贝，你是怎么想的？"并且要直接地告诉孩子，爸爸妈妈需要他的意见，此时孩子就会把表达自己的意见当作维持内心和环境和谐的需要，也就自然而然地表露心声了。此外，当他说出自己的想法时，父母要及时给予肯定。对于和平型孩子来说，得到家长的肯定是最有力的鼓励和最高层次的赞誉。

让助人型孩子认识到自身的价值

助人型孩子的后天性格是怎么形成的呢？研究表明，在6周岁之前，如果父母很爱孩子但是爱的方式不适合的话，很容易让孩子成长为助人型性格。孩子虽然理解父母的爱，但是因为父母爱的方式不适合，所以孩子不能轻易接受父母的爱，对父母的感情十分复杂，对于这种复杂的感情自己的内心还有一种负罪感。

由于这种负罪感，他们总是想补偿父亲，同时又想得到父母的爱，所以就会对父母的需求特别敏感，时间长了，他们就变得特别善于发现别人的需要，并形成热心帮助别人的性格。

每个助人型孩子的身上仿佛都装有一个敏锐的雷达装置，随时侦测目标人物的需求。他们最大的成就感就来源于满足他人的需要并得到他们所期望的回报和反馈，而最怕的就是被别人拒绝，因为这不但会伤害他们的"面子"，还会折损掉他们的"私心"，也就是通过帮助别人以获取爱的目的。

虽然助人型孩子乐善好施，但是也存在强迫别人接受他们好意的模式或标准，这也会让他们通常变得自我为中心，失去理性。值得家长注意的是，孩子最大的问题就是常以他人的需要为首，而忘了自己真正的需要，并且他们很怕向别人说出自己的需要，因为他们会认为那样的自己是无能的，而且会削弱自己在他人心中的地位。

那么，父母如何帮助助人型孩子解开人格中存在的枷锁呢？

　　首先，助人型孩子的家长扮演的应该是安抚者的角色，不要对孩子过分严厉。比起其他的孩子，父母应该对助人型孩子倾注和表达更多的情感，同时还要安抚孩子时时刻刻都想要通过付出来获得爱的焦躁不安的情绪，抚平他们由于没能得到回报时所产生的失落、难过的心情，并及时拔除他们因为心理失衡而产生的嫉妒的毒瘤。

　　助人型孩子对爱的渴望极其强烈，他们所做的一切都是为了获得爱。因此，家长的肯定是激励他们的良药。如果你有一个助人型孩子，那么千万不要吝啬你的爱意，只要告诉他你爱他，不管他做什么或是有什么缺点，你还是一样的爱他。告诉孩子："你的存在就是上天给我的最好礼物，而不是因为你做了什么事情我才会喜欢你"，你要让孩子真切地感到你对他的爱是无条件的。只有源源不断的肯定，才能鼓舞助人型孩子勇敢地面对真实的自己，说出自己的需求和想法。

　　其次，助人型孩子最在乎的就是自己能否给他人留下一个好印象，所以当着别人的面批评他，甚至只是稍微严苛的教导，对他们来说都是一种可以摧毁心灵的打击。身为家长，绝对不要在人前批评助人型的孩子，更不要当着孩子的面把他和别的孩子做比较。要记住，对助人型孩子的一切教导都要放在"幕后"进行，也只有这样的"幕后"教导，才会收到良好的成效。

　　助人型孩子总是担心别人受到伤害，所以很少表达自己的真实想法。长此以往，他们会渐渐忘掉自己的需求。父母应该常常询问他们是否有喜欢的东西，让他们养成不盲从、勇于表达想法的习惯。当助人型孩子直言不讳地说出一句话或是出现了"一反常态"的直言行为，家长一定要及时给予鼓励，因为他们能出现这样的行为必然是克服了内心"想要做好人"的强大压力的。家长及时的鼓励对他们而言非常重要，这种肯定有利于培养助人型孩子正直诚实的性格，防止他们走进阿谀奉承的误区。

给思考型孩子思考的空间，并鼓励及时行动

　　宁宁是一个典型的思考型男孩。他很小的时候就不会向任何人过多地解释什么，哪怕是自己受了委屈，他也不愿意去解释，他总是觉得这种解释是无谓且浪费时间的。他心里总是认为人们要明白的早晚会明白，不明白的再怎么解释都不会明白，不如省下时间去做自己的事。宁宁在学校里常常独来独往，不愿意参与集体活动，大部分时间都是一个人研究他感兴趣的东西，很多同学都在背地里叫他"小老头"。

　　思考型孩子总是以观察者的姿态与群体保持一定距离，自己却经常产生被孤立的感觉和疏离感。他们外表看起来很淡定，但是内心往往隐藏着恐惧，总是处于防备状态。因为思考型孩子的这种特点，所以很多思考型孩子的家长都曾经担心孩子是不是患

上了某种社交障碍，但实际上绝大多数的思考型孩子虽然在外人面前很害羞，但是在自己的世界里还是很快乐的，他们会对诸如阅读、演奏乐器、做小型生物实验等心智活动，或者可以发挥想象力的事物特别感兴趣，能自己一个人玩得废寝忘食，所以他们的心理还是能够健康发展的，家长大可不必为此过于担忧。

思考型孩子对自己的独立空间非常重视，甚至希望父母也不要入侵自己的小世界，他的心目中与父母家人之间最理想的关系——互不要求，互不干涉。他们希望父母不要对自己有什么要求，因为他也不会对父母有什么要求，并且这些孩子的确也是这么做的，他们极少向父母要求什么，大部分时间都是一个人静静地做自己的事情。

不过，不要因此以为他们对待父母是一种疏离的态度，他们也常常会思考自己能为家人做些什么。当他们经过一番观察后，会觉得自己根本没有给家人帮忙的空间，这时候他们就会产生在家里找不到自己位置的不安全感，于是只能退回到自己的内心世界，不与家人发生过多的关系，然后努力培养一种不常见的技能，期望以后能有机会为家人做些事情，令家人刮目相看。

对待思考型孩子，父母的态度一定要亲切平和，不要表现出过分的亲密，因为他们喜欢与他人保持距离。如果要让孩子做某件事时，一定要采取请求的语气，用生硬的命令语气会引起孩子的反感。再有，当孩子肯表达出他们想法的时候，家长一定要认真地倾听，最好是能就某件他感兴趣的事和他共同研究，这可以让他产生知己般的亲切感，从而慢慢地放下心中的防备。而且，当孩子表达出自己的意见的时候，父母要及时地对孩子说："谢谢你的意见，你的意见对我们来说非常重要，以后你要多说说你的想法。"父母千万不要对孩子说："你不能提出这样无理的请求。"因为思考型孩子本身就是很少提出要求的，而一旦突破自己的勇气，却得到这样的评价，思考型孩子就会把自己深深地锁在内心的世界里，不肯再出来了。

很多思考型孩子在家里都有过紧张的感觉，他们有时候会把父母的关心变成压力，压得自己透不过气来。因此，一个轻松愉快、自由民主的家庭环境对于思考型孩子的健康成长是必需的。作为思考型孩子的父母，一定要尽力去营造这样的家庭氛围，让孩子有一个自由的空间去放松他的身心，让他能够以轻松愉快的心情去面对生活。

培养活跃型孩子的专注力和责任感

活跃型孩子从很小的时候就很喜欢挑战和冒险，即使是面对那些会令其他孩子非常恐惧的事情，他们也总是表现出一副满不在乎的样子。有的孩子小时候很害怕虫子之类的小东西，但活跃型孩子会把它们抓在手里研究，并显出"有什么好怕的？它们很好玩啊！"的样子。父母从他们身上根本找不到任何焦虑恐惧的影子，好像就没有什么事能让活跃型孩子感到这是一件很困难的事情。活跃型孩子给人的感觉一直是轻松、阳光、快乐的。家长们常常会在心里问自己是不是这类孩子天生就不懂得什么是困难，什么是害怕呢？

其实，活跃型的孩子和其他类型的孩子一样，内心深处都潜藏着深深的恐惧，不过他们处理这种恐惧的方式却跟别的孩子不一样，比如怀疑型孩子在面对困难的时候总是时刻充满了忧虑，表现出一副谨小慎微、惴惴不安的样子；而活跃型孩子则采取大而化之、满不在乎的样子，他们习惯用一种寻找快乐的方式来掩盖或者逃避内心的恐惧。如果家长认为活跃型孩子天生胆大不知道什么是困难的话，那真的是误解他们了，其实他们在某些时候也是个"胆小鬼"，害怕面对困难，而且他们的行为越夸张的时候，很可能正是他们越觉得害怕的时候。

除了故作轻松地面对恐惧之外，活跃型孩子由于兴趣广泛，他们做事情常常会出现虎头蛇尾的情况，因为一旦在完成这件事情的过程中遇到困难，这种类型的孩子就会觉得这件事没有乐趣，马上就会丧失对它的热情，转而去寻找下一个有趣的事情。所以，活跃型孩子表面上看起来似乎总是不会遇到困难，但实际上是他们一遇到困难就逃跑了，这种承受不了挫折的个性其实对活跃型孩子的发展是很不利的。

那么活跃型孩子的父母要怎样帮助孩子摆脱这种个性呢？首先来了解一些父母在这种类型的孩子眼里是个什么样子的。活跃型孩子认为自己人生最大的挫折就是来自外界的条条框框，而父母是最早给他设置这些规矩和要求的人。在他们眼里，父母虽然能够给自己足够的照料和关爱，但是他们总觉得父母存在一定的问题，感到父母并不是可靠的持续的养育之源。

因此他们在面对父母的时候，常常会产生一种受挫感，他们不认为自己可以依靠父母来获得自己需要的东西。

为了帮助孩子形成面对困难不退缩的性格，父母应该经常跟孩子说："不管在什么情况下，我们都会照顾你的。有了困难和挫折，不要害怕，爸爸妈妈会帮助你渡过难关。"千万不要对孩子说："依赖别人是弱者的表现。"因为这种类型的孩子本来就不喜欢请求别人的帮助，如果父母总是用这种说法强化他的心理，那么他肯定会与父母的关系越来越远。

父母首先要帮助孩子延长专注于某一件事情的时间。当活跃型孩子对一件事情过于投入时，他们心里反而会生出负面情绪，这种专注让他们感到恐慌，所以他们会同时关注多种事物来逃避这种恐慌。所以，当父母看到孩子专注于某一件事情的时候，即使有话想对孩子说也要忍住。还可以注意一下孩子喜欢玩的游戏，可以从游戏入手提高他们的专注力。

要培养活跃型孩子的坚持习惯比较有效的方法是帮助他把大目标分解成一个个小目标。每当孩子完成一个小目标时，就要和他一起庆祝，分享他达成目标后的喜悦，同时鼓励他向下一个目标前进。孩子熟悉这种完成目标的方式之后，要引导他自己去制定每个小目标。当他们把这种做事方式变成习惯，孩子自然而然也就能够做到坚持了。

帮孩子拔除嫉妒的毒瘤

嫉妒是孩子成长过程中一个无法回避的话题。孩子的嫉妒，不仅在家有，在学校也有。教会孩子宽容和珍惜友谊，是使其终身受益的事情。

要纠正孩子的嫉妒心理，父母先要分析嫉妒产生的原因。孩子嫉妒心理的产生是与其最关心的事物相联系的，孩子们之间的嫉妒常常反映在以下几个方面。

1. 因别人受表扬而嫉妒

别人受了表扬，有的孩子暗中不服气，有的公开挑人家的缺点，也有的故意表现出无所谓的态度。其实，他们的心理反应是"有什么了不起，我也做得来"。

2. 因别人学习好而嫉妒

学习是孩子们的主要任务，学习成绩是评价孩子的重要指标。因此，有的孩子学习不如别人就嫉妒别人。有一个班级曾经发生这样的怪事：在期中考试前一个星期，班上成绩最好的几个同学的笔记本不翼而飞，这几位同学着急的程度可想而知。考试之后，笔记本又回到了那几位同学的课桌里。显然，这不是一般的恶作剧，是某个同学出于嫉妒心理，采用了不道德的手段。

3.因亲疏关系而嫉妒

有的孩子因为不被重视，而嫉妒受老师重视的孩子，并且常常迁怒于老师，背后议论老师，甚至对班上的某些事情采取消极的态度。

同学之间的亲疏变化，也常引起嫉妒心理的产生。有些孩子因嫉妒别的同学之间关系好，而从中挑拨，甚至诽谤。

4.因物质方面不如别人而嫉妒

孩子们普遍希望有漂亮衣服、好的文具、好的玩具等，由于家庭条件不同，父母教育方法不同，总会产生有这个没那个的现象，这是正常的。但是，一些孩子会因此而产生嫉妒心理。当别人的东西脏了、坏了时，甚至幸灾乐祸。

嫉妒是一种消极的社会现象，它是对别人在品德、能力等方面胜过自己而产生的一种不满和怨恨，是一种被扭曲了的情感；它对个人、集体和社会起着损耗作用，是一种对团结友爱非常不利的情感。这种缺点如果保留到长大以后，那么孩子就很难协调与他人的关系，很难在生活中心情舒畅，因为嫉妒心理强的人，别人的成功和他自己的失败，都会给他带来痛苦，平添不少烦恼。

孩子的嫉妒心虽是儿童心理发展中的自然现象，但父母也不能听之任之，父母应及时加以疏导，以免孩子形成不良性格。如脾气古怪、多疑、粗暴自卑、执拗或自暴自弃等，是对孩子十分不利的。

因此，父母平时要关心孩子与人相处时的各种表现，一旦发现孩子有嫉妒心的毒苗，就要帮助孩子正确地对待，及时疏导。

要纠正孩子的嫉妒心理，父母可以从以下几个方面着手。

1. 建立良好的环境

嫉妒心理和行为的产生，虽有多种原因，但从根本上讲，是孩子内部的消极因素和外部环境的消极因素相互影响、相互作用而产生的。父母应当在家庭中为孩子建立一种团结友爱、互相尊重、谦逊礼让的环境气氛，这是预防和纠正孩子嫉妒心理的重要基础。

2. 耐心倾听，让孩子合理宣泄

孩子的嫉妒是直观、真实而自然的，它只是孩子们对自己愿望不能实现而产生的一种本能的心理反应。因此，父母不要盲目对孩子的嫉妒心理和行为进行批评，要耐心倾听孩子们的苦恼，理解他们无法实现自己愿望所产生的痛苦情绪，使孩子因嫉妒产生的不良情感能够得到宣泄，并把握孩子嫉妒的成因。

3. 让孩子正确地评价自己和别人

孩子都喜欢受到表扬和鼓励。表扬得当，可以巩固其优点，增加他的自信，促进他不断进步；如果表扬不当或表扬过度，就会使孩子骄傲，进而看不起别人，认为只有自己好，别人都不如自己，甚至当有人说别人好，没说他好，他就难以接受。

这是因为孩子年龄小，自我意识刚开始萌芽，他还不会全面地看问题，不能正确地评价自己和别人。他对自己的评价是以成人对他的评价为标准的，所以父母要正确评价自己的孩子，不能因疼爱和喜欢，就过高评价孩子的品德、能力，以免孩子对自己产生不正确的印象。

父母还要适当地指出孩子的长处和短处，使孩子明白人人都有长处和短处，朋友之间要互相学习。父母可以教育孩子经常反问自己："我现在各方面表现如何？有什么优点？有什么缺点？跟上个月比较哪些方面有进步？哪些方面有退步？我该怎么办？我有决心再上一个新的台阶吗？我是否应该听取爸爸妈妈的意见？是否征求老师、同学的意见？"

同时，教育孩子在班上给自己寻找追赶的榜样，看到别人的长处。一个孩子如果能经常这样去想问题，嫉妒心理就会慢慢打消，就能够客观地自我评价，客观地评价别人。

4. 帮助孩子强化自身的优势

现实中的人必然是有差异的，不是表现在这方面，就是表现在那方面。一个人承认差异就是承认现实，要使自己在某方面好起来，只有靠自己奋进努力，嫉妒于事无补，而且会影响自己的奋斗精神。

父母如果发现孩子在某些方面不如别人的孩子，不要当面指责孩子不如别人，而应具体帮助他提高这方面的能力。如果有条件，父母可以请一个能力强的孩子来帮助自己的孩子，这样可以提高孩子的能力，而且孩子之间真诚友好的帮助也是克服嫉妒心理的良方。

5. 对孩子进行谦虚美德的教育

嫉妒通常较多地产生在有一定能力的孩子身上，孩子往往因为已有能力，但没有受到注意和表扬，所以对那些受到注意和表扬的孩子产生嫉妒。

在纠正嫉妒心理同时还必须对孩子进行谦逊美德的教育，让孩子懂得"谦虚使人进步，骄傲使人落后"的道理。让孩子明白即使别人没有称赞自己，自己的优点仍然存在，如果继续保持自己的长处，又虚心学习别人的长处，自己的才干就会更强，就会真正地长久地得到大多数人的喜爱。

6. 引导孩子树立正确的竞争意识

有嫉妒心理的孩子一般都有争强好胜的性格。父母要引导和教育孩子用自己的努力和实际能力去同别人相比，竞争是为了找出差距，更快地进步和取长补短，不能用不正当、不光彩的手段去获取竞争的胜利，把孩子的好胜心引向积极的方向。

父母应设法将孩子的嫉妒心转化为竞争的动力，即让孩子把注意力放在"怎样超过别人"上。教育孩子贬低别人并不能抬高自己，落后的原因不在于别人，而在于自己，以积极的努力缩短实际存在的差距，最终化解内心的不平衡。

父母千万不能用贬低孩子所嫉妒的对象的办法来减轻孩子的嫉妒心理，那样会导致孩子过多地去看别人的不足而放弃自己的努力。

爸爸妈妈应尊重孩子的人格类型

亲子关系不能决定孩子的人格类型，但会影响孩子的健康程度。因为在孩子的成长阶段，他们将显现出大人意想不到的能力和处世方式，期间如果父母无意之中阻拦了他们的自然发展，孩子有可能成为心灵扭曲的人。

所以，父母必须观察孩子的类型，并且以孩子所属型号的最佳发展来与他们相处、引导他们成长，而不是试图去改变他们。于是，当父母通过心理工具（例如九型人格）去引导孩子发展自我时，便给孩子带来了最宝贵的礼物：情感健康的童年和更加愉快的未来。

用一个很简单的例子来说明。

小伟的父母都属于性格外向的人，他们精力充沛而富有活力，但是他们的宝贝儿子却安静、严肃并且内向。小伟讨厌跟着爸爸妈妈到处串门见朋友。比如，出门前妈妈会说："儿子，今天咱们去李叔叔家，记得叫人哦。"可是到了李叔叔家，任凭爸爸妈妈在旁边怎么威逼利诱，小伟就是不开口，急得爸爸差点没动手打他。

久而久之，爸爸妈妈认为小伟太内向，便给儿子报了合唱团，想让儿子变得活泼一点。但是去了一次以后，小伟就再也不去了。父母逼急了，往往是前脚刚把他送到少年宫，后脚老师就看不到他的人影了。打也打了、骂也骂了，小伟不但变得更加不爱说话，而且还处处躲着父母。小伟的父母为此烦恼不已。

由此可见，若不了解孩子的性格类型，父母和孩子之间的关系就会变得紧张。小伟也许不自觉地认为："我一定很让爸爸妈妈失望。"这可能会导致孩子情感上的无助。而父母设法操控或迫使孩子更像他们，却因为不了解孩子而感到内疚："孩子变成这样都是我的错。"

不难看出，如果父母能够清楚地了解不同性格各自的特点，明白是什么驱使孩子和自己产生不同的行为，如："孩子为什么喜欢安静？孩子为什么不肯开口叫人？"通过孩子的性格表露发现其内在的人格类型，完善孩子的性格也就变得非常简单了。

小伟的少言寡语，其实就是因为他属于九型人格中的理智型。他的思维模式和习惯决定了他沉默寡言、欠缺活力，甚至反应缓慢，所以他喜欢和陌生人保持一定的距离，不喜欢很热闹的场合。但父母只要仔细观察就会发现，属于这一性格类型的小伟在沉默寡言的同时，思维分析能力和求知欲会很强，而且他遇事一定能够从容不迫地应对。当疑惑的父母明白了这些问题后，尊重孩子的性格类型，再加以恰当的引导，相信一切难题都能迎刃而解。

不要太介意孩子的"顶嘴"

有一位妈妈抱怨说:"最近我女儿特别爱顶嘴。比如,在从学校回家的路上,我们到一个公园去玩了一会儿。当我说'我们回家吧',她不干,还会反问我:'为什么我非要听你的,而你就不能听我的?'她特别喜欢小动物,总想养一只小狗,我不让,说小狗身上有细菌。但是她却说:'你说得不对!电视里说过,小朋友和小动物多接触可以提高抵抗力。'每当这时候我都会很着急,但是又不知道该怎么对待她。"

有不少家长都有过这样的抱怨,随着孩子一天天长大,渐渐觉得孩子不如从前听话了,并且变得难管了,动不动就与家长顶嘴,家长说东,他偏说西,这令家长十分为难和恼火,真不知道到底该拿这孩子怎么办才好。

其实,家长也没有必要十分烦恼,只要找到孩子顶嘴的原因,一切都是很容易解决的。一般而言,孩子的顶嘴都是有原因的。随着年龄的增长,当孩子进入了青少年时期,他们具有一定的独立思考能力,从这时候起,他们不再愿意别人把他们当作小孩子来看待,也不愿意处于被照顾的从属地位,更不愿意一直处在被命令指派的位置。所以,家长们没有必要为孩子的顶嘴而生气恼火,不妨为此感到高兴,因为孩子开始顶嘴意味着他们有自己的想法了,有独立思考的能力了,这不正是家长所企盼的吗?

有的父母不愿意接受孩子开始顶嘴这个现实，大多数是受到千百年传统观念的影响，总觉得小孩子见识少、阅历浅、不成熟，于是就形成了"父母说话小孩子听"的定论。也有不少父母要孩子对他们"言听计从"，否则就认为有失父母的威信和尊严。其实这种想法也是不对的，因为父母不可能总是按照管教三四岁小孩的方法来对待自己已经长大的孩子。要求和命令的时代已经过去，换成说服的方式取而代之就可以了。

聪明的家长应尊重孩子的独立性，允许孩子有不同的观点、看法。面对顶嘴的孩子，应保持风度、保持冷静，不要轻易发火动怒，加剧双方的抵触情绪。要善于倾听孩子的意见，耐心让孩子把心中的观点讲出来，然后分析一下孩子说的是否有道理，变顶嘴为讨论、探讨。如果孩子是正确的，就应该给予肯定和鼓励。如果孩子是无理取闹，家长也可坚持自己的观点，但应该将心比心，耐心听完孩子的意见后，讲明道理，真正说服他。

德国汉堡心理学家安得利卡·法斯博士通过多年的实验观察后证实，隔代人之间争辩，对于下一代来说，是走向成人之路的重要一步。能够同父母进行真正争辩的孩子，在以后会比较自信、有创造力和合群。

孩子争辩的时候，往往是他们最得意的时候。这至少有两个好处：一是当孩子最来劲、最高兴、最认真时，对他们的大脑发育是有好处的；二是这样可以营造家庭的民主气氛，增加孩子各方面的能力。这样的孩子具有很强的交际能力，对将来的发展是大有好处的。

总之，如果一个孩子从不与人争辩，总是与世无争，那么，他的勇气、智商、口才、进取心、自信心等就值得怀疑了。因此，从某种意义上说，争辩是孩子的一门必修课，而这门课最好在家里进行。在争辩的过程中，父母要有热心和耐心，让孩子在争辩中不断成长。

让个性腼腆的孩子有话大声说

英国有这样一句谚语："那些生性腼腆的孩子都是真正被上帝宠爱过的孩子。"我们不知道这些孩子是不是真的曾经受过上帝的宠爱，但是我们知道，在很注重人际交往的现代社会，一个生性腼腆的孩子很难得到更多人的帮助和宠爱的。

森森就是一个比较腼腆的孩子，虽然今年已经上初中了，可是从来不敢在班上发言。最让父母头疼的是，他见到熟人也不敢主动打招呼，而是远远地就躲开了。

"教了多少遍了，见了人要主动问好，但现在都还是学不会，真笨！"每当此时，妈妈回到家都要训斥森森一番。

"过来，这是李阿姨，快向阿姨问好。"妈妈跟森森说，森森却一直怯生生地扯着妈妈的衣角，躲在妈妈的背后不肯出来。

"为什么别人都能回答出来问题，就你连话都不敢说？这是怎么回事？"爸爸质问的声音极大，儿子泪涌了出来。

面对这个腼腆的孩子，森森的爸爸和妈妈实在是无奈至极，对孩子的未来也很担忧。

生活中，像森森一样的孩子有很多。这些孩子在面对老师时、面对爱慕的人时、上台演讲前、面试时、比赛前、照相时等，常常感觉紧张、脸红、心跳、发抖，学习或工作中总是惴惴不安，神经绷得如一张满弓，唯恐出了差错……

上中学的小宇以前是个性格很活泼的人，现在见人就怕。面对熟悉的人从对面走过来，内心不知道应不应该和对方打招呼，紧张的情绪就会产生。他发现嚼口香糖可以缓解说话紧张，所以现在一天到晚都要嚼口香糖。他晚上失眠越来越严重，每天觉得自己很难看、声音很难听，所以很少和人交流，看到有人在很流利地谈话就嫉妒。每天要照镜子很多次，不敢笑，也不敢大声说话。学习注意力不能集中，不能回答老师的问题，人际关系非常紧张。

斯坦福大学的心理学家菲力普·G.津巴多在《腼腆：事实与对策》一书中提出这样一个研究结论：如果一个孩子从小就很腼腆，而父母却对此漠不关心，那么孩子很可能一生都会这样腼腆下去。

这样的性格给孩子带来的后果是什么呢？津巴多认为，很多性格腼腆的人会终身不婚或者推迟结婚。而且性格腼腆的人大多数收入比较低，他们给人的感觉是无力承担有重大责任的工作。

很多性格腼腆的人即便身怀绝技也会因为社交障碍而难以谋到好的职位。

具体来讲，不敢在别人面前大胆说话的原因主要有两种。

第一种，不想露丑。这些人的想法是：只要我不在他人面前暴露自己的短处，别人也就不会知道我的缺点，而一旦在众人面前说话，自己的粗浅根底、拙劣看法都会暴露出来，那么从此以后，哪还有自己的立足之地？所以，不说话更稳妥。

第二种，不知道该如何组织说话的内容，就像被硬拉到一个陌生的世界一样，感到惊惶失措。

大体来说，性格腼腆者分为后天和先天两种类型。有些人生来内向，他们说话低声细语，见到生人就脸红，甚至常怀有一种胆怯的心理，举手投足、寻路问津也思前想后。还有更多的是由于教育不当等后天的因素引起的性格腼腆。有些家长对孩子的胆小不加引导，当孩子见到生人或到了陌生的地方，便习惯性地害羞、躲避，没有自信心。孩子随着年龄的逐渐增长，自我意识逐渐加强，敏感于别人对自己的评价，希望自己有一个"光辉形象"留在别人的心目中，为此，他们对自己的一言一行非常重视，唯恐有差错。这种心理状态导致了他们在交往中生怕被人耻笑。

"我总是不敢在人面前讲话、发言，那会使我心跳加快，脑中一片空白……"有人坦然承认自己说话胆怯，而且对此颇为苦恼。

家庭是孩子练习说话的第一个场所，因此父母一定要注意对孩子的引导，尤其对于天生性格腼腆者。在家中，父母可以有意识地鼓励孩子将自己从书中看到的童话故事或者寓言故事等讲给自己听，当孩子讲不出来的时候，也不要对其大声呵斥，要多多提醒、多多鼓励。

在注意家庭培养的同时，也应该鼓励孩子多和同学交流，鼓励孩子广结良友，与朋友频繁往来，这是练习口才的又一途径，对于孩子克服腼腆的性格有着积极的作用。

第二章

亲子关系左右孩子的情商发育

提高孩子的情商应先由父母做起

家庭是孩子学习情商的第一所学校，是孩子情感发展的基石。在家里，他们将学到许多基本信息知识，比如他们的自我观察，别人对自己的反应，如何看待自己的感觉，如何洞悉别人的情绪与表达自己的喜怒哀乐等。根据研究显示，父母对待子女的方式，对子女的情感世界有长远而深刻的影响。因此，想要孩子具有高情商，父母必须力争做到以下五点。

1. 为孩子树立良好的榜样

父母的一言一行、一举一动，无不对孩子起着潜移默化的影响和作用。因此，父母要以身作则，凡是要求孩子做到的，首先自己要做到，用榜样的力量去影响孩子。

2. 父母要用好的情绪影响孩子

孩子的情绪往往受家长的影响，平时在生活中，家长要用热情、豁达、乐观、友善等好的情绪对待孩子和他人，控制住自己不好的情绪，这样孩子才会具有活泼、大方、快乐、关心他人的优良情绪和性格。同时大人还要及时排除孩子恐惧、抑郁、悲伤、愤怒等不易被社会接受的坏情绪。父母还要让孩子懂得：应该在什么场合，用什么样的情绪，以便让孩子能自觉地掌握，逐渐形成自我控制情绪的能力。

3. 要注意孩子情感的细微变化

父母要与孩子做一些心灵沟通，做孩子的知心朋友。对于孩子的要求，只要是合理的、能够满足的，父母应该尽量给予满足；不合理的、不能满足的，则要向孩子说明为什么不能满足的道理。父母千万不能不关心孩子的痛痒，让孩子放任自流，更不能动辄训斥、打骂，压抑孩子的情感流露。相反，父母应让孩子的情感得到合理的流露，并要了解它产生的原因；需要解决的，应及时加以解决。

4. 要为孩子创造各种人际交往的条件

如果家里来了客人，父母要让孩子相识相伴、沏茶接待。父母也要适当带孩子去参加一些聚会、晚会，让孩子见见各种场面，学习与各种人打交道。另外带孩子上街时，要鼓励孩子问路。乘车、进公园、购物时，可由孩子付费或购票。孩子在幼儿园或学校当了小干部，都要予以鼓励和支持。

5. 要带孩子多参加各种集体活动

在集体活动中，孩子与同龄的小朋友一起生活游戏，他们会相互教会怎样玩耍、怎样相处、怎样生活。父母要欢迎孩子的朋友上自己家里来玩，也要鼓励自己的孩子到别的小朋友家里去玩。在孩子与其他小朋友交往的过程中，父母要教育自己的孩子严于律己、宽以待人、互相信赖、彼此尊重。

教孩子学会情绪的自我调适，是父母日常生活中应该特别给予关注的。

"啪！啪！哗啦！哗啦！"小辉又在摔东西了，这次可非同一般，他摔碎了爸爸心爱的瓷茶杯，还砸坏了妈妈梳妆台上的大镜子，接下来是一场席卷全家的"疾风暴雨"。当小辉被三四个大人"押"到心理老师面前时，他手上缠着纱布，脸上、手臂上都有青紫的伤痕。父母回避后，小辉对心理老师慢慢道出自己的苦衷："还不是因为我期中考试没有考好。父母不许我做任何解释，这次题目特别难，班上十几个人没及格，我都及格了，比上学期名次还提高了。可爸妈不相信我，说我贪玩、不努力，我能不跟他们急吗？我一回到家里就感到特别压抑。我学习很努力，可没有父母期望得那么好。爸爸见到我总是板着脸，除了问学习没有别的话说，我出点小错就打骂，他下手可狠了，摔东西可厉害了，老拿我当作出气筒；妈妈爱唠叨，又动不动就哭天抹泪的；爷爷有心脏病，不让大声说话；只有奶奶真疼我，可又管不了爸爸。一放了学，家里人都不让我出去，说我脾气大，怕我惹事，不让我下楼踢球，也不让听音乐，我觉得家里简直像牢笼一样！我心里一感到难过，就想学爸爸的样子摔东西，听到那刺激的响声，我才觉得心里痛快些！"

其实，所谓脾气大、情绪易波动的青少年，往往是情商较高的孩子，同时也是因为他们的神经系统属于强型，所谓"发脾气"，是因为缺乏宣泄和表白的机会，只不过是想让父母了解自己的内心。现在，"情商"这个心理学名词越来越引起人们的兴趣，情商是人的非智力因素的核心内容，也是一个人事业成功的关键性因素之一。情商包含着三方面的内容：一是正确表达和适度控制自己情感的能力；二是理解和接纳他人情感的能力；三是与他人交流情感，以自己情感影响和感染他人的能力。在家庭教育中，应重视对孩子的情感教育，家长应引导孩子努力提高情商，懂得爱自己和爱别人。

世界医药学的鼻祖希波克拉底曾经说，躯体本身就是疾病的良医。七情六欲，人所共有之。但是，同样是情绪，可以给人带来健康，也可以给人带来疾病。而人本来就有能力和办法来控制和调节自己的情感和情绪，使之利于健康和生命。儿童、青少年处在心理尚不成熟，情绪情感十分丰富而脆弱，且又复杂多变的时期。在家庭中，父母的情绪直接影响着孩子的情感水平，是孩子情绪的主要"影响源"。因此，父母应该学会驾驭自己的情感，提高自己的情商，保持自己情绪的乐观、稳定，给孩子做出健康情感的榜样，并成为孩子情绪的镇静剂、安慰剂和调节剂。

喜怒哀乐，人皆有之。在家庭中，教孩子学会情绪的自我调适，以下建议可供父母参考。

加强自身的情感训练，提高自身的素质，具备基本的情商。

对孩子细心一些，发现孩子情绪不佳时，要懂得理解孩子的感受，努力去了解引起孩子情绪不佳的前因后果，进而协助孩子以适当的方法抚平情绪。

帮助孩子建立自信心，培养他们的同情心，促进其情商的发展。

每天和孩子聊天 10 ~ 20 分钟。为了避免拘束，可以采用亲子游戏的方式，或者是在睡前陪伴孩子一会儿，创造一种轻松温馨的气氛，使孩子愿意说出想说的话。创造轻松活泼的气氛，保持乐观、平和的心境，处事不惊，顺其自然，应变能力较强，知足者常乐，能够轻松做事。

开朗豁达处事。凡事想得开，对人大度开明，虚怀若谷，在家庭中讲究宽容，有话好好说，运用对话、谈心、讨论等方式与孩子进行心理沟通。

保持深邃稳定的人格魅力。遇到任何事情能够镇定自若，引导孩子善于以自信和自强之心来战胜挫折和失败，使他们真正学会主宰自己的情绪。

以幽默机智化解家人之间的矛盾。要能够承受一切外界和内心变化所带来的危机，总是会转危为安，保证在家里不动武、不喊叫，以幽默机智，保持和谐平静的气氛。

如果父母出现言行、情绪失控的情况，向孩子发了脾气，则应当在事后做检讨，反省自己，以得到孩子的理解和原谅。

对于进入青春期的孩子，父母更要注意尽量不与孩子发生正面冲突，而是要心平气和，冷静处理所有的问题。

情感的交流是相互的。父母也应该将自己的喜怒哀乐告诉孩子，让他学会关注别人的内心，学会分享别人的快乐，分担父母的忧愁和烦恼。

鼓励与肯定孩子对不同情绪的表达。尤其是对不好的情绪，也要表示理解和尊重；还要教孩子通过正确的方式宣泄负面情绪，比如通过向亲人倾诉、向自然环境的宣泄等，达到敞开心扉，缓解紧张焦虑情绪的目的。

培养孩子对艺术的爱好，以使他的情绪得到转移和升华。引导孩子学会专注地欣赏艺术作品，让孩子明白，这是一种艺术修养，可提高一个人的品位。使孩子学会用音乐、绘画、朗诵、作诗等方式来表达自己的内心，也是完全可以逐步实现的。

让孩子果断决定

英国有份专为孩子办的报纸，该报拥有分布在世界各地的三四千名 9 ～ 15 岁的小记者。这些小记者揣着记者证巡游万里，遍访千家，在采访中表现出超乎寻常的老练、大胆和坚韧。这些小记者曾去采访过英国首相撒切尔夫人，对她无所不问，提出那些真正的记者无论如何也提不出的问题。他们还大胆地去采访世界名流，一个 8 岁的女孩朱丽叶，在一次集会上，毫不犹豫地排开拥挤的人群去采访摇滚乐歌星乔治。她问这问那，直到乔治有点不耐烦地戏谑道："快些，快提出你真正的难题吧！"小朱丽叶却自信地回敬道："这应该由我决定！"

多么成熟、大胆的回答！多么自信、勇敢的孩子！

他山之石，可以攻玉。在我们的日常生活中，有多少事孩子们能够自己做主呢？现在大部分家长特别是一些年轻母亲，总认定"全面"照顾孩子是自己"义不容辞"的责任，因而事事处处总想"包办代替"。殊不知这么一来，孩子就可能产生强烈的依赖性。

现实中，许多人往往把好孩子的标准定为"乖"。何为"乖"呢？那就是听话——听父母的话，听老师的话。有许多家长在教育自己的孩子时经常会用到"听话"一词，如家长的决定与子女的决定产生对立时，家长就会要求子女"你要听话"。

可能父母觉得孩子对他们"听话"是一件好事，这样家长在对子女的教育中就可以减少许多的烦恼，可谓简单有效，但这只是短期的效果而已，如从长远看，实际上是得不偿失的。

有关心理学家做过一个分析和研究，结果表明：当被问及"你要喝什么"时，回答"我想喝咖啡，不想喝红茶"的人比起回答"什么都可以"的人，将来在社会上更有作为。因为父母要求孩子"听话"，其实是正把孩子培养成为一个没有责任感的人，只有依赖性，不懂得自己用头脑思考而且怯懦的人，这类孩子在长大后遇到问题就不能独立分析、处理和解决，不能自主，唯唯诺诺，丧失独立的人格，缺乏创新精神，在这种教育方式下培养出来的人，一定很难有所作为。

要求子女"听话"，从表面上看是强调子女对老师和家长的态度，实质上是一种意识强制，忽视了孩子独立意识的培养。在漫长的人生道路上，人们会遇到许多十字路口，随时都要面临选择、做出决定，而为人父母不可能替孩子决定一辈子。因此，孩子决策能力的培养才是父母"义不容辞"的责任。

下面这则教育孩子的故事，也许能给大家一些启发。

一位父亲开车送自己的女儿上学，但是由于路上堵车而迟到了，孩子怕挨老师的批评，就坐在车里哭，要求一定要父亲陪着才进教室，否则就不下车。孩子当时心里想的是：爸爸是一个有名气的画家，看在爸爸的面子上，老师可能就不会责骂她了。但是，这位画家父亲并没有因为孩子的哭闹而心软，而是果断地拒绝了女儿的请求，同时给了女儿两个选择，一个是自己进教室，另一个就是立刻回家。结果，女儿不得不自己走进了教室。

这位画家父亲的做法就明确地告诉了孩子，许多事情是你自己必须解决的，不能依靠别人的帮助。要知道，你今天不想面对的，明天还是一样需要你去直接面对。

不要在对待孩子的事情上"帮你没商量"了，孩子自己的事，他理所当然要自己决策；自己的行为，就要自己负责。家长这个观念的树立，对成长中的孩子有重要的影响。如果我们把决定的权利交给孩子，孩子就会对自己负责，就会做出让你也觉得吃惊的成绩来。想当然地替孩子做决定，结果往往会事与愿违。

孩子的自我决定的能力，只有在自我决定的过程中才能培养起来。这是父母必须知道和遵循的规律。要着力培养孩子的独立决策能力，家长可以按照下面的步骤进行。

让孩子自己决定可以从小事到大事逐步培养，小至出门穿什么、吃什么，大至以后主修什么科目、选择什么行业、家务的分配及压岁钱、零用钱的分配等都可由孩子自行决定。许多父母不放心，常在中途插手接管，反而弄巧成拙，不妨在一旁协助，为他做一些澄清或分析的工作，他会感激不尽的。这里面就包含了观察、分析、权衡、判断、综合等思维的过程。孩子每经历这样一次机会，其做决定的能力也就随之提高了一分。

假如孩子不会自己做决定或做出错误的决定，家长也不要马上给予批评，更不应该强迫孩子服从自己的意思。此时，正确的做法应该是多给孩子一些必要的提示以启发孩子，给孩子讲清其中的道理。

要让孩子了解不推卸责任很重要，让孩子练习做决定时，也要让孩子承担做决定的后果，从而不断学习，不断提高判断能力。如果小孩坚持穿裙子去操场玩，结果不小心弄破了皮肤，你不应该说："瞧，我叫你穿裤子对吗？"而应说："你想一想，如果我们下次再来操场玩，我们怎么保护好自己？"随着孩子年龄的增长，经验也随之增多，做决定的能力与技巧就会渐渐提高。

谢军 12 岁时，很想去棋队学下棋。她的妈妈是清华大学毕业的电子工程师，为独生女儿考虑更多的是她的学业和前途。于是，母女间进行了一次很严肃的交谈："你很喜欢下棋，对吗？"谢军点点头。妈妈严肃地对她说："那好，不过你要记住，下棋这条路是你自己选择的，今后，你要对自己负责！"可以说，谢军所获得的成功，与她妈妈的这番话不无关系。

让孩子自己决定，就是培养孩子的责任感，教孩子如何做人。这是父母对孩子的信任与尊重，这是小鹰飞上蓝天的力量！

让孩子主动表达

引导孩子学说话，是一件非常重要的事情。小时候在农村听大鼓书，说书先生常说："南京到北京，人生话不生，话是拦路虎，不说话不行。"确实如此，人际交流最基本最直接的方式就是说话。有句俗语说，"好马出在腿上，好人出在嘴上"，这话虽有一定的片面性，但也确有一定的道理。在实际生活中常常看到，有的孩子就是因为说话费劲，造成沟通障碍，影响了交际与发展。

应该说，为人父母者一般都比较重视教孩子学说话，但往往前紧后松，前认真后敷衍。在孩子基本能够表达意思、可以进行一般沟通之后，就再也没有兴趣和耐心去听孩子说话了。这种现象，不仅影响了孩子的语言发展和智力发展，也阻碍了亲子之间的正常沟通。仅就孩子的语言发展来说，达到这种程度并不能算"大功告成"。

俗话讲："一样的话十样说。"说话的基本要求是，先得把意思表达清楚，让别人能听明白；还应该把话说准确，别让人产生歧义；尽量要把话说得生动有趣，能调动起听者的积极性；最好是再充分考虑环境、场合及对方有关情况，追求最佳沟通效果。一个人给人的第一印象主要在两方面，一是外表，二是语言，往往一张嘴就能让人看出是什么样的人。

现在，学校老师普遍反映，多数孩子上课时不愿意举手回答问题，即使说了也往往表达不清楚。语言能力是人类智力结果中最主要的三种基础能力之一，对人类其他能力的发展起着决定性的作用。

刘宾现在已经5岁了，这么大的孩子本该是活泼好动、爱说爱笑的，可刘宾却冷静得出奇，很少见他说话。据幼儿园的老师反映，刘宾一个学期只说了8句话！生活中常见的事物名称和一些简单的话，他都不会说。他在说话时，总是吐字不清，发音不准，而且结结巴巴。刘宾是生理有缺陷、发音器官有问题吗？经医生诊治后，并没有发现任何异常现象。那是什么导致刘宾的沉默寡言呢？

原来，在刘宾刚刚1岁时，爸爸妈妈都出国学习了，把他留给了奶奶。他们在国外一直待了3年才回国。在这3年里，刘宾整天和奶奶在一起。刘宾的奶奶没有文化，又加上由于丈夫过早去世，她长期一个人单独生活，养成了孤独、沉默的性格。她除了让刘宾吃饱穿暖以外，平时很少逗他说话。刘宾由于长期缺少与人交流的机会，错过了语言能力发展的关键期，才导致了今天的后果。

这则案例就说明，导致孩子沉默寡言的原因主要来自家庭环境。如果家长在生活中不多和孩子沟通，不能给孩子营造一个良好的锻炼语言表达的环境，不能给孩子自由表达的机会，把孩子的嘴巴封起来，其结果就会使孩子形成孤独、沉默的性格。

有专家指出，父母对孩子的"说"要进行引导，其要求是：用你的倾听和诱导来鼓励孩子的说，并为他的说"起兴"和"搭桥"。父母引导孩子学说话，关键就是两条，一是给孩子提供说话的条件，大人要有耐心去听；二是强化孩子把话说好的欲望，让他逐步知道说话也是学问。

但生活中常常有这样的情况：父母决定了一件事，孩子持有反对意见，刚说了一两句，父母就听不顺耳了，喝令他"住口"。父母老是觉得孩子不懂事，轮不到他们说话。其实，孩子从他自己的角度看问题，往往有独到的见解，哪怕"孩子气"一点，也的确可以启发父母，弥补父母的决定或认识的不足。

渐渐的，你就会发现，老是被"住口"二字打断话头的孩子，慢慢就变得沉默了，他也就懒得跟父母说话交流了。这是因为父母的"禁令"让他觉得自己的意见根本不受重视，说了也是白说。而一旦出现这种情况，孩子的自我表达能力便会逐渐降低。

现代社会，语言表达能力是人生中能否成功的关键所在。父母一定要注意培养孩子良好的语言表达能力，让孩子在任何时候都能够随心所欲地表达自我的感受。

教孩子用语言代替哭泣

　　3岁的洋洋正坐在客厅里专心致志地玩着一个小汽车，妈妈在厨房做饭。过了一会儿，洋洋忽然大哭起来。妈妈听见了，赶忙丢下手里的东西冲出去。她发现洋洋正在电视柜附近坐着，小手指着柜子下面，眼睛里噙满泪水。妈妈一看就明白了，是小汽车滑到了柜子下面，洋洋拿不出来了。她对洋洋说："洋洋告诉妈妈想要什么？说完妈妈给你拿！""汽车！"洋洋带着哭腔回答。"宝宝乖，你对妈妈说：'妈妈，我想要小汽车。'妈妈马上就拿给你。""妈妈，我想要小汽车。"洋洋听话地重复道。然后，洋洋拿到了妈妈给他的小汽车。

　　后来有一次，爸爸在书房看书，妈妈在卧室织毛衣，洋洋自己在客厅玩，忽然停电了，可是洋洋没有哭，只是一直喊："妈妈，快来！我怕……"

　　其实，洋洋面对黑暗的屋子，能够做到不哭，而是用语言表达，这跟妈妈的引导有很大关系。因为在平时的生活中，孩子已经养成了这样的思维方式，遇到事情先用语言表达自己的感受，或者用语言向父母求助。

　　在孩子进入语言敏感期的初期，他们还习惯用哭泣来表示自己心中的委屈、恐惧或者某种需求。这时候，父母应该读懂孩子的表达方式，并且试着让孩子用语言代替哭泣来表达自己的想法。

　　父母在孩子的语言敏感期要多多鼓励孩子用语言表达自己，而不是用哭泣来引起别人注意。其实在语言敏感期，孩子不仅需要学习语言，还需要养成良好的思维方式，当然这就需要父母在日常生活中注意对孩子加强引导。

　　在生活中我们常常见到这样的场景：

　　孩子吃饭的时候不小心被烫着了，妈妈会这样安慰孩子："这饭真不好，把宝宝烫着了。宝宝不哭，我们把它倒掉！"

　　孩子走路不小心被石子绊了个跟头，结果孩子还没哭，妈妈就跑上前去："宝宝不疼，都怪小石子，咱们把它踢开！"

　　但是以上的两种场景可能会出现同样的结果，那就是孩子放声大哭。其实，这就是家长误导了孩子的思维方式。在孩子学习语言的敏感期，他们不仅要学习一些具体的名称，更重要的是要学习一些简单的逻辑思维方式。在上面的两个例子中，家长就向孩子传达了错误的因果关系。孩子被烫或者摔倒，与饭或石子是没有关系的，这本是孩子自己不小心造成的，而且孩子也并没有把原因归结到其他事物上面，但是父母却自以为是地帮助孩子开脱，说了那么多"道理"，这就让孩子顿时感觉很委屈，于是就用"哭泣"来表达内心的"委屈"。

　　父母一定要牢记，当孩子因为某些意外觉得自己受了委屈并用哭泣来表达的时候，父母一定要理智，千万不要把责任推给无辜的人或物，而是要用语言告诉孩子真正的原因，让孩子形成正确的思维模式。当孩子学会正确地思考问题时，他就不会动不动就大哭，而是会理智地用语言告诉父母自己面临着什么样的问题，需要父母帮忙做些什么。

教孩子学会抵制诱惑

每个人都会面对诱惑。成功的人之所以成功，就是因为他们能够约束和克制自己的冲动。家长培养孩子抵制诱惑的能力就格外的重要。

一个人的成功，最大的障碍往往不是在外界，而是在于自己的内心。一个能够获得成功的人通常都具备顽强的精神和胜于常人的自控心理。增强孩子的自控能力，可以帮助他们抵御外界的种种诱惑，保持心灵上的坚定和纯洁，更加有利于他们朝着心中的目标努力。

1960年，美国的心理学家米卡尔曾做过一个"果汁软糖"的试验：他将一群4岁的孩子留在房间里，每人都发了一块软糖，然后告诉他们："我有事要出去一会儿，你们可以马上吃掉软糖，但如果谁能够坚持到我回来之后再吃软糖，我会再奖励他两块。"说完之后，米卡尔就走了出去。实际上，他在暗中观察这些孩子的表现。

有的孩子会很急躁，看到米卡尔走了之后就迫不及待地吃掉软糖。而有的孩子就等到了最后，尽管对这些孩子来说等待的时间非常漫长，但是他们会想尽各种办法让自己撑下去。有的孩子闭上眼睛，避免看到那块诱人的糖果；有的孩子努力想让自己睡过去。

20分钟之后，米卡尔回来了，他奖励了能够坚持到最后的孩子。这次实验并没有结束，米卡尔又对这些孩子进行了长达14年的追踪调查。

最后，米卡尔把自己的调研结果公之于众，发现：自制力不同的孩子在情绪和社交方面的差异表现非常明显。在那次实验中抵制住诱惑的孩子将来长大之后对社会的适应能力较强，较为自信，人际关系也更好，能够更加从容地面对挫折。而那些不太能抵制诱惑、较为冲动的孩子则缺乏这些好的特质，并且表现出一些负面特征，他们不太愿意与人接触，性格优柔寡断，容易因为挫折而丧失斗志，容易对人产生不满甚至是与人争斗。

面对如今这样一个信息多变、文化多元、物质极大丰富的现代社会，孩子们早已经是眼花缭乱了。他们对周围的一切充满了好奇，任何的诱惑都可能使他们沉迷其中。再就是由于孩子面临着沉重的学业负担，厌学情绪强烈，使得电脑、电视等成了孩子的避难所。如何让孩子拒绝诱惑、抵制诱惑，是每个家长都关心的问题。

要想让孩子学会抵制诱惑，首先家长要学会反思。当孩子出现了问题，家长可以先反思自己。很多父母将大部分的时间都用于工作、家务和娱乐，很少花时间和孩子耐心地沟通。当孩子的精神需求得不到满足，他自然就会寻求替代品，于是电视、电脑成了孩子的精神麻醉剂。有的家长自己不和孩子交流，也不鼓励孩子多交朋友。孩子的充沛精力得不到发泄，就会被各种诱惑吸引，一不留神就会掉进诱惑的陷阱。所以，家长也要反思一下自己在平时是否考虑到了孩子的感受，给予了他们足够的精神满足。

高尔基说："哪怕是对自己的一点小小的克制，也会使人变得强而有力。"德国诗人歌德说："谁若游戏人生，他就一事无成，不能主宰自己，永远是一个奴隶。"一个人要想成为能够主宰自己命运的强者，成就一番事业，就必须对自己有所约束、有所克制。因此，对孩子的自控教育是家庭教育必不可少的内容之一。

但是人的自制能力和自我管理能力并不是天生的，它和人的其他能力一样，都是后天开发出来的，每个人的自我管理能力都是可以不断提高的。尤其是孩子，他们的自控能力在日常生活中会逐渐提高。作为父母要有意识地提高孩子的自控力，专家给出了以下几点建议：

第一，告诉孩子要对自己多分析，找出自己在哪些活动中、何种环境中自制力差，然后拟出培养自制力的目标步骤，有针对性地培养自己的自制力；对自己的欲望进行剖析，扬善去恶，抑制自己的某些不正当的欲望。

第二，从日常生活小事做起。人的自制力是在学习、生活、工作中的千百万小事中培养锻炼起来的。许多事情虽然微不足道，但却影响一个人自制力的形成。例如，早上按时起床、严格遵守各种制度、按时完成学习计划等，都可积小成大，锻炼自己的自制力。

第三，进行暗示和激励。自制力在很大程度上就表现在自我暗示和激励等意念控制上。意念控制的方法有：在孩子开始紧张的活动之前，反复默念一些建立信心、给人以力量的话，或随身携带座右铭，时时提醒、激励自己；在面临困境或诱惑时，利用口头命令，如"要沉着、冷静"，以调整自身的心理活动，获得精神力量。

第四，要孩子经常进行自省。例如，当他们学习时忍不住想看电视时，马上警告自己管住自己；当遇到困难想退缩时，马上警告自己别懦弱。这样往往会唤起自尊，战胜怯懦，成功地控制自己。

不能迁就孩子的无理要求

"妈妈，我今天要吃肯德基。"

"今天妈妈很累，咱们在家吃饭吧。"

"不行，我就要吃肯德基。"

吃完饭回家的路上，孩子说："妈妈我走不动了，你背我。"

"马上就到家了，自己走吧。"

"不，我就要你背。"

孩子的任性、无理取闹往往让家长很头疼，可还是有不少父母会选择迁就孩子无理的要求。

"我们的童年过得很艰辛，再不能让孩子经受我们已受过的那些磨难了。"

"现在条件好多了，只有一个孩子，因此，无论如何不能让孩子吃苦受累。"

"算了，他还是个孩子。"

……

正是出于这种心理，溺爱孩子已然成为当今社会的普遍现象。可是常言道："严是爱，惯是坏，不管不教要变坏。"如果家长对孩子没有合理的管教，孩子就很容易养成霸道、任性的坏毛病。

如果家长对孩子没有要求，一味地迁就，百依百顺，满足孩子的一切要求，把孩子当成全家的中心，让长辈围绕孩子转，那么孩子就有可能成为一个唯我独尊、任性、为所欲为的人。

冬天的一个晚上，妈妈带着4岁的皮皮去朋友家串门。回到家，皮皮突然发现一直攥在手里的一块糖果不见了。那块糖果是妈妈的朋友给的，他的家里没有这样的糖果。发现糖果没有了之后，皮皮急得哭了起来。爷爷、奶奶、爸爸、妈妈都来安慰他，并且给他承诺，第二天一早就去给他买同样的糖果和他喜欢的玩具。但是，皮皮没有丝毫的妥协："我要！我现在就要！"

皮皮在地上打着滚，哭得伤心欲绝，爷爷、奶奶、爸爸、妈妈看着实在心疼，于是全家人带上照明工具，"倾巢"出动，沿着回来的路进行了"拉网式"搜索。眼看着时间一分一秒地过去，都快零点了，还是没有见到糖果的踪影。妈妈看到因绝望而哭得伤心欲绝的皮皮，终于硬着头皮敲开了朋友家的门……

生活中，像皮皮这样的孩子随处可见，他们做事情时往往对自己不加约束，想怎样就怎样、爱做什么就做什么，不分是非，固执己见，明知自己不对还要继续做下去，总是觉得周围人都有一种为他服务的义务。要是周围的人不满足他们一些无理的要求，他们会使出一些手段来威胁别人，如不吃饭、大哭大闹、摔打东西、离家出走甚至自杀，等等。

苏联著名教育学家马卡连柯警告说："父母对自己的子女爱得不够，子女就会感到痛苦，但是过分溺爱却会使子女遭到毁灭。"如果家长无视这种警告，一意孤行地认为只要尽力把孩子的生活道路铺得平平顺顺的，就能保证他们将来幸福健康地成长，势必会影响孩子在各个方面的发展，让他们长大后在社会中失去竞争力。

法国启蒙主义思想家卢梭说过："幼儿时期是一个人成长中最主要的时期。"调查发现，那些喜欢提出无理要求的孩子意识中的是非观念、道德观念都不是很强，总是喜欢按自己心里想的来，这就需要父母去帮助他们纠正一些不好的观念和行为。如果父母不懂得拒绝孩子的无理要求，选择去迁就他们，无疑就失去了教育孩子的最好契机。随着孩子的逐渐长大，是非观念和道德观念逐渐定型，这时候再去纠正恐怕就比较费劲了。

因此，对于孩子无理的要求，父母要果断拒绝，比如孩子看到其他小朋友的汽车模型很漂亮，非要让父母也给他买一个；吃饭的时候看到自己喜欢吃的东西就拿到自己面前，不给其他人吃；吵着闹着非要在吃饭的时候吃冰激凌；等等。对于这些无理的要求，家长是坚决不能迁就的。当然，不迁就的方式有很多种，父母应该谨慎选择。当孩子提出不合理要求的时候，家长不要说教，更不要打骂，正确的做法是对孩子讲清楚不能这样做的缘由，然后温和地加以拒绝。当然，这时候孩子免不了要撒娇，但不管孩子哭的声音有多大、赖得有多厉害，家长在一旁只要耐心等待孩子的情绪平复就好，不要被孩子的情绪"折服"。

绝情的话千万不能说

我们总是很容易在生气的时候说一些绝情的话，虽然事后感觉很后悔，可是无奈话已出口，即使道歉，说这并不是自己的真心话，也总是难免给听话的人心里留下阴影。

父母在教育孩子的过程中，也有可能出现这种情况，一时生气，脱口而出，对孩子说一些类似于"滚出这个家"等伤害孩子心灵的话，而大多数的时候，父母也不会因此去向孩子道歉，于是就给孩子留下了可怕的阴影，造成了不少悲剧。

期末成绩出来了，晓红这学期成绩下降了很多，妈妈很生气，狠狠地对她说："你还好意思拿着成绩单回来啊！叫你少看点电视你不听，现在成绩这么差，你好受了吧？"

"我又不是故意考不好的，我是……"

"你当然不是故意的啊，你就是不好好学习，才考得差的，别找什么借口了！"孩子的话还在嘴边，妈妈就打断了她的话。

"你就是从来都不相信我，故意误解我的意思，你就是对我不好！"

"你说什么？你这孩子怎么这样了？我让你吃好的穿好的，花那么多钱供你上学，你居然说我对你不好，你还有没有良心啊？"

"本来就是，你从来都不关心我心里想什么，总是这样骂我，谁家的妈妈这样啊？"

"好啊，那你去找别的妈妈啊，你滚吧，想去哪里就去哪里，快点滚！"

晓红生气极了，当真跑了出去，在街头流浪了两天，直到爸爸妈妈找到她，把她带回家。

生活中，孩子离家出走的事件屡有发生。许多情况下，孩子是被父母的话逼出家门的。"你滚吧，想去哪里去哪里。"这句气话有惊人的杀伤力，往往把孩子逼出家门，而且在心里留下永久的伤痕。

其实，当家长说出这句最后通牒式的话来，无非是想逼迫孩子就范，或者是想以它来结束这场口舌之争，并没有把话当真，甚至事后会非常后悔自己说出了这样的话。然而这会让孩子认为家长一点也不在乎自己，随随便便让自己走就是因为自己一点也不重要，所以不少任性要强的孩子，因为忍受不了家长的嘲弄而离家出走。他们当然不想离家出走，可一旦就此低头，便会显出自己的软弱，就这样屈辱地留在家里，还有什么自尊可言？所以，他当然要逞一回英雄，就这样真的离家出走了。就算孩子没有出走，也会在心里一直记得这个伤痛。

有一次，聪聪妈正在和孩子说说笑笑，两个人你一言我一句，一边说一边笑。聪聪妈说到兴头上，来了句："我的乖宝宝啊，你怎么一下子长这么大啊，你要还是个小娃娃该多好玩啊。要不妈妈拿你去换个小娃娃吧。"这么说不要紧，没想到聪聪听了之后，睁大了惊恐的眼睛看着妈妈，接着就开始哇哇大哭起来，眼泪就像开闸的水一样涌出来，一发不可收。聪聪妈这才意识到问题严重了。本来嘛，自己说把孩子换出去，在孩子看来就是妈妈不喜欢他呀。

总之，绝情的话不能说，不管是生气还是开玩笑，这会让孩子感受到深深的伤害，而且也不能解决任何实际的问题，如果说得太绝情，甚至会切断父母与孩子之间的感情。

站在孩子的立场上看问题

这是一个出自《卡尔·威特的教育》中的一个故事，可能对我们中国的家长有更多的启示。

爸爸给卡尔买了一套积木，卡尔对这个礼物很喜欢，把大量的精力花在了摆弄积木上。

一次，幼小的卡尔花了很多工夫用木块搭了座城堡，其中有房屋、城门、城墙，还有做得非常精致的小桥。

正当他准备叫爸爸来看时，由于十分激动，不小心他的衣角在城堡的主要建筑——一个高高的钟楼上扫了一下。顿时，钟楼倒塌了，砸坏了其他建筑，还毁了他精心搭建的最令他满意的小桥。顷刻间，他的杰作成了一片废墟。

"爸爸，它毁掉了，是我不小心给毁了。多可惜！它本来那么棒……"

小卡尔说着都快哭了。

爸爸问清情况后说："儿子，既然是你不小心，就没有理由抱怨，更不该难过。你能做好第一次，就一定能做好第二次。为什么傻坐那儿？不如重新做一个，或许还会更好呢。"

顿时小卡尔欢欣鼓舞。

其实，这话说着容易，做起来难。因为小卡尔搭的是一组复杂的建筑群。

要他做完第二次，一定要有极强的耐心和毅力。但老卡尔坚信儿子能做到。

不出所料，小卡尔完成了，并邀请爸爸欣赏作品。老卡尔看后非常吃惊，他没有想到，他的儿子会做得那么完美。

"父亲，我认为这比前面那个做得还要好些，因为我做第二次对它做了不少修改。并且做得快了。"小卡尔自豪地对爸爸说。

相比之下，小麦克就没那么幸运了。

5岁的小麦克的小房间一般不太整洁，玩具从盒子里倒出来后，常常不主动收拾好就去玩别的了。

有一次，爸爸对小麦克说："把你的房间收拾干净再出去。"

小麦克说："我已经收拾好了。"

爸爸走进房间一看，地上已没有玩具了，可还有好几本儿童画报没有收拾好，便对小麦克说："你看你的书到处都是，真不像话，别人会笑话你的。"

小麦克像什么也没有听见似的，溜出去玩了。

以后小麦克再也没收拾自己的房间，像和爸爸赌了一口气似的。

我们可以说，小卡尔的爸爸真正懂得了孩子的心，而小麦克的爸爸则是一种"成人主义"。

"成人主义"的家长往往对孩子挑剔指责过多，要求过高。他们认为孩子什么也做不了，而不是尊重孩子，这样就严重地打击了孩子的积极性，使孩子丧失了自信心。

"成人主义"的家长往往希望和要求孩子能够像成人一样思

考、理解和行动，这种不现实的想法打击了孩子的自信心，使孩子认为自己没有能力，产生敌对的情绪和反抗。

"成人主义"的家长往往这样问孩子："你怎么老是这样？你为什么不……""你应该知道……""我告诉你多少次了……""你为什么老是这么孩子气？""你什么时候才能长大？""你能不能……"他们已经忘了他们自己曾是孩子的时候。

孩子是按照父母的模式生活成长，还是按照他们的天性成长，这是父母面临的最大的困惑。作为父母，你需要发现孩子的天性，帮助孩子按照他独有的、与生俱来的方式成长。然而按照每个孩子的天性养育他，并不像听起来那么容易。当孩子的某些独特倾向在触怒父母时，父母会努力扼杀孩子的那个独特倾向，并试图以他们看重的品质来取代。他们尽力把孩子塑造成自己希望的模样。然而，他们还是忘记了孩子与他们是不同的。

什么是孩子的天性？饿了吃，困了睡，不舒服了哭？这些自然都是，可是更重要的是他们具有与生俱来的自由天性。

孩子心里自有一个世界，这个世界十分奇特，与成人的世界是大相径庭的。孩子 3 岁以后，就是一个有自我意识的独立发展的人。孩子出生后，每天都在从一个自然的人向一个自为的人发展变化着。他们对这个世界充满了好奇，他们天生就有一种贴近和探索这个世界的愿望，他们的行为不受任何约束。他们的想法是他们来到这个世界，这个世界就是他们的了。在这样一种儿童心理的支配下，他们才会不断地与这个世界发生碰撞，而最先遭遇到的就是他们亲爱的爸爸妈妈。

如果你站在成人的立场，用成人的思维方式给孩子分析问题、指明方向，告诉他们应该怎样去做，就会使孩子怯于自己去体验。

如果你坚持认为自己的知识渊博，滔滔不绝地给孩子们灌输知识，不失时机地纠正孩子的错误，你就限制了孩子自己去积累知识的机会。

你武断地认为孩子什么也做不了，就会严重地打击孩子的积极性，使孩子丧失自信心。

孩子真正需要什么呢？

生活对他们来说，是一片没有开垦的处女地，他们需要的就是一股拓荒者的勇气和自信心，而不是恐惧和畏缩；他们需要的是天性受到鼓励，而不是受打击。

因此，你需要换一个角度，扔掉你身上的"成人主义"。让我们学会像小卡尔的爸爸一样说："你能做好第一次，就一定能做好第二次。"这样，你的孩子就会像小卡尔一样给你意外的惊喜。

下面几则父母否定孩子感受的例子，你或许似曾相识。

孩子："妹妹老是拿我的东西，我讨厌她！"

妈妈："你怎么可以这么说自己的妹妹？你不该讨厌她，你要为你所说的话道歉。"

孩子："野餐好无聊，一点儿也不好玩。"

爸爸："为了这个野餐花了这么多时间和金钱还说这话？""你

怎么可以说野餐无聊？这么好的天气出去玩，而且你还吃了三个热狗。我相信每个人都玩得很开心。"

孩子："我们教练是白痴。迟到不过两分钟，就罚我跑步。"

爸爸："怎么可以骂人？规定就是规定，不然你希望教练怎么处理？给你一面奖牌？"

在这几则例子里的父母都犯了两个基本的错误：

第一，父母并没有真正聆听孩子的感受，只是一听到他们负面的词句就马上判定："这孩子有错，我必须纠正他。"

第二，在大人急着纠正孩子行为的时候，孩子的感觉却被忽略了。事实上，忽略他的感觉就等于忽略他的存在，还有什么比这一点更令人沮丧的吗？

父母应该如何应对孩子的情绪呢？

要诀就是要真正地去倾听孩子在说些什么。停止一面听，一面揣度孩子是否有问题，是否应该被纠正。要仔细听，不仅听所谓的事实，还要听听孩子内心的声音。沟通专家称之为"主动的倾听""感情移入的倾听"，也就是站在孩子的立场听他们的心声。

要做到这种倾听确实不容易，大部分的人都无法做得自然、做得好，因为我们都太封闭，活在自己的世界里头，听不见别人的声音。而孩子则十分敏感，知道我们是否在听他说话。如果我们两眼盯着电视，一面听孩子说话，一面听着电视的声音，孩子自然看得出我们不专心，感到自己无足轻重，因而沮丧不已。

孩子的直觉某些时候有误或不够成熟，但还是应仔细倾听。如果你真的在乎孩子的感受，就不必理会对错。这点很重要：父母的首要工作就是处理孩子的情绪，因为再也没有比建立孩子的自我印象和自我价值更重要的事了。为了孩子，扔掉自己身上的"成人主义"吧！

点到为止，给孩子留足面子

如果一个成年人被人说个不停，不管是在家里还是在外面，他都会觉得很没有面子，进而对批评他的人很反感。

不要以为只有大人才会在乎自己的面子，孩子也是一样。然而现实生活中有不少父母批评孩子的时候，总是忽略孩子的感受，不给孩子留一点面子，结果让孩子对父母极度反感。

小永是六年级的学生，学习成绩还算不错，也很喜欢运动，平时喜欢和同学一起踢球，有时候玩到很晚才回家，他的爸爸妈妈因此经常四处去找他，每次找到他后不免对他一通说教。

有一次，小永和几个同学因为找不到场地，就在离家不远的胡同里踢起球来，谁知，小永在踢球时不小心把一户人家的玻璃打碎了。

那人马上就到家里来告状了。妈妈知道这件事情之后很生气，就当着小永同学的面教训起小永来。

"真是不让人省心啊，爸爸妈妈每天那么辛苦地工作供你读书，可你整天就知道玩，一点也不上进。"

"谁说的？我在学校学习很认真的，要不成绩还那么好！"

"居然还顶嘴，你成绩好是因为先天聪明，我们这么聪明的父母才能生得出来。要不是这样，你哪能像现在一样？"

见小永没有作声，妈妈继续数落道："你想想你每年要闯多少祸？每次都要我们来给你收拾残局，都这么大人了，好意思吗？我要是你，早就没脸做人了。"

小永看到妈妈在同学面前不住地批评自己，说了一句："你有完没完啊！"就气愤地独自跑开了。

"怎么，我还说不得你了，做错了事情就该批评，你们说对不对？"等到小永跑开了以后，小永的妈妈还不依不饶地对小永的同学说道。

经过这次事件以后，小永很长一段时间都对妈妈不理不睬。

不得不说，小永妈妈的做法严重伤害了小永的自尊心，是不可取的。然而现实生活中还是有一些家长认为，孩子天生就缺乏自制力，如果遇到事情不给点颜色看看，那么他们就永远不知道严格要求自己。

但是家长却忽视了一点，如果总是对孩子没完没了地批评，尤其是当着众人的面批评、指责，虽然是让孩子记住了教训，但同时也伤了孩子的自尊，这会很容易激起孩子的反抗心理。

在家庭教育中，一些父母在批评孩子的时候喜欢说个没完没了，而且还时不时质问孩子"我的话你听见了没有"，孩子恐惧于家长的权威，不得不应承，可实际上，孩子根本没有把家长的话放心上。

还有一些父母在孩子表现不好或者犯错误的时候喜欢翻旧账，把许多年前的事情都拿出来数落孩子一番，而且越说越带劲，一点都不顾及孩子的感受。这两种批评教育方式都是错误的，也收不到任何教育效果。

因为父母在批评孩子的时候说得太多、太啰唆，会令孩子分不清主次，不知道听哪一句好，而且长此以往，还会导致孩子在家长的教育面前"失聪"，对任何话都无动于衷，从而使批评教育失去作用。

英国一项研究表明，教育也是需要讲究方法和策略的，那些总是温和地跟孩子交流，在批评孩子的时候点到为止、不唠叨的父母更能教育好孩子。孩子也是很重视面子的，在批评孩子的时候，父母不妨多讲讲方法，学会点到为止，留下思考空间和回旋余地，这样或许孩子才更容易接受。

第三章

亲子关系影响孩子的学习能力

智力发展有规律，避免"填鸭式开发"

　　小勇今年 4 岁了，在妈妈的精心教育之下，他的智力发展一直都很好。但是妈妈仍担心会因自己的疏忽而影响了小勇的智力发展，为此妈妈带小勇去做心理咨询。了解了妈妈的担忧，心理咨询专家告诉妈妈，其实人的智力是随年龄增长而增长的。在出生到 16 ～ 17 岁的这段时间里，智力发展呈上升趋势，之后智力发展速度减慢，但还是有所升高。22 ～ 30 岁这段时间智力发展达到了顶峰，并保持这一水平。35 岁之后，人的智力水平有所下降，但幅度不大。只要教育得当，是不会对孩子的智力造成影响的。听了专家的话，妈妈终于松了一口气。

　　李先生是一家汽车制造厂的副总裁，为了开发儿子的智力，李先生从来都舍得大把大把地花钱，经常给儿子买各种各样的电动玩具、小人书，周末还带儿子去"启智班"进行智能训练。然而让李先生没有想到的是，儿子现在经常对着各种小玩具发呆出神，偶尔先玩一下积木，然后又转而去玩电动狗，不一会儿又开始玩机器人，就这样东摸摸、西碰碰，几乎把所有的玩具都翻了一个遍，但还是无精打采的。

　　最让李先生吃惊的是，有一天晚上，他下班回家的时候，看见儿子坐在地板上，眼神空洞地望着一堆玩具发呆，看到爸爸回来，儿子忽然冒出了一句："爸爸，我好无聊啊！"李先生百思不得其解，他实在不明白儿子小小年纪为什么会说出这样的话，自己在孩子身上下了那么大的劲儿，去开发他的智力，为什么不见成效，反而把一个原本活泼的孩子变成了一个经常"无聊"的人呢？

其实，在儿童的智力开发中，这是很常见的事，这种现象通常被称作"智力厌食症"，也就是说儿童像厌食一样，对各种形式的智力开发活动产生了厌恶的情绪。这种情绪常常不是通过情感宣泄表达出来的，而是儿童的一种无意识的表露。"智力厌食症"常常表现为对以前十分喜欢的玩具产生厌倦，经常独自一个人发呆，对父母、老师布置的任务总是拖延时间，更为严重的可能会导致儿童厌食、失眠等。

据研究，造成这种所谓的"智力厌食症"的最主要原因是父母违背了智力开发理论中的"最近发展区"理念。所谓"最近发展区"就是离孩子当前智力水平最近的那个区域，它处在当前智力发展水平稍高的地方，但又不是太高。就像我们摘树上的桃子，这个桃子我们站在地上伸直胳膊够不着，但如果我们稍微跳一跳，努力一下，就能摘着了。那么这个桃子的位置，心理学中就叫作"最近发展区"，而对孩子的智力开发就是要开发"最近发展区"的智力。儿童心理学研究表明，任何人的智力发展都有一个"最近发展区"，儿童尤为明显。如果父母求胜心切把孩子智力发展的目标定得过高，超过了"最近发展区"，那么就会给孩子带来压力，容易产生"智力厌食症"。

对于李先生的儿子那样的"智力厌食症",最好的办法就是降低难度,减少刺激,而且最好进行几次"情绪宣泄"疗法让孩子把不良情绪释放出来。"情绪宣泄"疗法对不同年龄阶段的人,具体的做法各不相同,对孩子来说,最有效的就是玩游戏,让孩子尽情玩耍,不要怕孩子"玩野了"。孩子把心中的不快通过游戏宣泄之后,就可以减轻压力,消除"智力厌食症"。

别在学习上给孩子施高压

在生活中,我们常常可以听到这样的事情:

"我们家孩子不知道怎么回事,平时的测验都发挥得很好,一到关键时刻就掉链子。碰上期中考试或者期末考试这样的'大考',就表现很差。真怀疑他平时是不是作弊?"

"我们同事的儿子参加中考晕倒在考场上了。听说是因为看到一道题平时没见过,马上就呼吸急促,整个人都慌了。"

其实,这种感觉我们都不陌生,就是越紧张事情越做不好,越发挥不出原有的水平。这可以用心理学上的"动机适度原理"来解释。在心理学上,"动机水平"是指一个人渴望完成一项任务的程度。

心理学家通过研究发现,在一般情况下,动机水平越高,学习或者工作的效率就会增加。但是如果动机水平过高的话,学习和工作的效率反而会降低。美国心理学家耶克斯和多德森认为，中等程度的动机激起水平最有利于效果的提高。这就是"动机适度原理"。

望子成龙、望女成凤的心态可以理解，但是父母过度的期待只能给孩子带来负面的影响，取得适得其反的效果，既让孩子在考试和学习中表现失常，也剥夺了孩子应该有的快乐。

在竞争压力越来越大的今天，不需要家长的教育，很多孩子已经感受到了很大的压力。在这种情况下，父母就更不能对孩子的学习施以高压，而是要保持平常心，而且当孩子拼命学习，给自己施加过高压力的时候，父母还要学会给孩子减压。

我们常常会听到孩子说："我要不惜一切代价保证考试成功！""如果我考试不好，很没面子，别人都看不起我！""如果考不好，我以后怎么办？"这些话虽然能表现出孩子的决心，但是也是心理压力过大的表现。这时候父母要帮助孩子减压，"考不好也没有多大的关系，一次考试并不能决定什么，关键还是看个人的素质和能力。你只要尽最大努力去考就好，考不好爸爸妈妈也还是你的爸爸妈妈，天塌下来还有我们帮你顶着呢！把心态放轻松就好了！"总之，父母要做的就是让孩子总是在适度的压力下学习，既不过高，也不过低。

此外，父母也要真正改变自己的心态，不要把孩子的成绩看得过于重要，相对来说，发现孩子的优势和劣势才是父母最重要的任务。

奥托·瓦拉赫小时候，父母希望他走文学之路，结果老师写下了这样的评语："他很用功，但是过分拘泥，这样的人不可能在文学上有很高的造诣。"接着，根据瓦拉赫自己的想法，妈妈又让他去学油画，可是评语是："你是在绘画艺术方面不可造就的人才！"父母看到这两个评语，几乎绝望了。但是一位化学老师却觉得这个"笨拙"的学生做事一丝不苟，是个研究化学的好材料。结果化学激发了他的潜能，这个文学和绘画上的差生，摇身一变成了化学天才，最终获得了诺贝尔化学奖。

心理学研究表明，每个正常的孩子都具有一定的"潜能"。所以父母要充分地了解自己的孩子，帮助孩子把优势发挥出来，而不是根据自己的主观愿望和片面印象帮助孩子设定属于他的未来。很多孩子可能不擅长学习数学，但是他可能在音乐上有很高的天分；也有的孩子不喜欢课堂上的学习，那么一些独特的教学方法可能会开启他智慧的大门。

因此，父母完全没有必要纠结于孩子的学习成绩，给他们很大的压力，父母最应该做的是发现孩子的优势，让他们充分发挥自己的潜能，成为一个对社会有用的人，拥有幸福快乐的人生。

不要将学习暗示为"苦"事

我们经常听见家长对孩子说"你要好好学习，现在苦点没有关系，等考上大学了就有希望了""现在吃点苦，将来才有出息"

之类的话。这些话包含了两层含义：一是要求孩子努力学习，二是学习本身是件辛苦的事情。

但是，这些父母却不知道人有着避苦求乐的本能，当孩子自己还没有体会出学习的乐趣时父母就给他暗示学习是件苦差事，这样，孩子会先入为主地认为学习是件苦差事，可能会本能地逃避学习。

刘希今年刚上初二，这学期他们要学习一门新的课程——物理。在上这门课之前，就听高年级的同学说，物理是一门很难学的课程。父母也对她说："学物理可不是一件轻松的事情，尤其对女孩子来说，一定要很认真才行。"

这些话都在刘希的心里留下了阴影。从上第一节物理课开始，刘希就高度紧张，生怕错过老师说的每一句话，从而导致后面的课程更加听不懂。就这样，一节课下来感觉就好像跑了 800 米一样累。

没过多久，刘希就感觉上物理课是一件很累人的事情，尤其是当班里很多同学都说物理课听不懂的时候，她就开始放弃了。就这样，期末考试的时候，刘希的物理只考了 52 分。

刘希的父母很生气，决定暑假的时候给刘希请一位物理老师补补课，可是，老师还没有请来，刘希自己就很头疼："爸爸妈妈，上物理课太累了，我不想补习。"

美国教育学家杜威认为："凡是所做的事情近于苦工，或者需要完成外部强加的工作任务的地方，游戏的要求就存在。"所以，父母一定要懂得愉快教育的理念。对孩子来说，玩耍和学习本来是不冲突的，愉快教育已经成为教育的新理念，让孩子以游戏的心情愉悦地学习，学习效果或许会更好。那么，作为父母怎样帮助孩子进行愉快学习呢？

首先，愉快学习就要求孩子劳逸结合。孩子每天睡眠充足，学习时精力才充沛，才能高效地学习。心理学家认为，小学生需要的睡眠时间为 10 小时，初中生需要的睡眠时间为 9 小时，高中生为 8 小时。

调查发现，睡眠不足不但影响孩子生长发育，而且学习效果也不好。学习时的状态就相当于无限度地拉一根橡皮筋，橡皮筋拉得超过了"弹性限度"就很难再恢复原状。"超负荷学习"就是超过了"弹性限度"，学习就真的成了件苦差事，孩子只会感到疲惫，根本无法"愉快学习"。所以，父母不要老盯着孩子，要求孩子一直学习，这是不科学的，也有害无益。

其次，根据注意力的特征，要使孩子的注意力长久地集中在一件事、一个对象上是很困难的。很多孩子学习时出现分心现象，就是注意力不稳定、注意力分散的现象，因此要求孩子一直注意力集中地学习是不符合中小学学生的成长规律的。当孩子学习累了的时候，父母要允许或者建议孩子休息片刻之后再学，这样学习的效率也会提高。休息的方法有很多种，睡觉是其中一种，特别是要养成午睡的习惯，这样下午和晚上都会精力充沛；此外，体育锻炼也是一种很好的休息方式，不但能放松心情，还可以锻炼身体。总而言之，劳逸结合才能有效地学习，学习才可能是愉快的。

最后，愉快地学习就要求孩子从学习的压力下解放出来。家长要善于观察孩子，如果发现孩子的压力来自他自己，就要给孩子找些放松的方法，比如发展一下其他方面的爱好，或者出去放松放松。另外，父母不要给孩子施加太大的压力，孩子是一个有着独立意志的个体，有着自己的喜怒哀乐，即使是学习，也要结合孩子自身的特点给予指导，而不是要求孩子必须考多少名、多少分、考什么学校。如果父母无时无刻都监管着孩子的学习，无视孩子的兴趣点，抹杀孩子的个性，让孩子做学习的奴隶，这样对于孩子来说，学习就真的成了一件苦差事。

学习是人探究自然界、认识自身的途径，是一个人从无知到知之较多的过程，应该是知识和幸福积累的过程。父母一定不要好心办了坏事，天天督导孩子"下苦功学习""刻苦学习"，结果让孩子感到学习是一件苦差事。

让孩子乐于记忆

"你记忆，因为你热爱！"这是亚里士多德的父亲教导孩子的妙语。

公元前 384 年，亚里士多德出生于希腊斯塔吉拉城一位著名的医生家庭。在孩子 10 岁那年，父亲被任命为马其顿国王的首席医生。老父亲一无后台，二无背景，完全依靠技术起家，因此有一种极强的个人成就感。他非常珍惜自己的技术成就，并且希望将来孩子能够子承父业，当一名高级医生，不仅将医术作为终身职业，而且还要将医术作为安身立命和延续家庭血脉的超级法宝。

为了让孩子能够子承父业，从亚里士多德 5 岁起，父亲就开始教他背诵医疗书籍，例如药品配方、治疗手段，等等。可是弄来弄去，孩子专靠死记硬背，把那些医书上的知识记诵了一阵子，很快就忘掉了。后来老父亲想了一条妙计，他发现孩子对眼前看得见的活生生的东西非常有兴趣，而且记得挺牢固，就从药柜里拿出许多药品实物，一样一样叫孩子识记，看一样就记一样，且各种药品的颜色、气味、形态，各有不同，很容易引起孩子的兴趣。父亲还如数家珍似的讲述每一样药品的生长地的风土人情，孩子听得两只眼睛都闪闪发亮，这种方法在现代被称为直观记忆法。当时印刷术不发达，书写工具也比较缺乏，学习医学的主要手段就是依靠记忆。几千种药品、几千个药方，还有数以百计的治疗方法，全靠医生花费几年或者十几年的时间记忆，所以全靠实物记忆显然是不够的，还得培养孩子其他的记忆能力和记忆手段。

老父亲为了延续家庭的医脉，还想出各种高招来培养孩子的记忆，这类多手段全方位的综合记忆法，在当时就被称为"亚里士多德记忆法"。有一天，父亲带孩子上西西里岛游玩，那是一个阳光灿烂的音乐之乡，到处都是能歌善舞的民间歌手，游人只要往篮子里投一个铜板，歌手就会为你唱一支妙不可言的民歌。于是老父亲灵机一动，专门请了个民间歌手当仆人，一边料理家务，一边教孩子唱歌。小亚里士多德借着铿锵动听的节奏，一下子就能把歌曲背得滚瓜烂熟。这就是音乐记忆法，在当时就是一种流传很广的学习记忆方法。

老父亲发现孩子迷上了雕像作坊。当时，希腊是远近闻名的雕塑之乡，城里有大大小小数十家雕塑铺子，匠人只要看一阵子图画，就可以依照图画制作出活灵活现的雕塑式样。于是，老父亲就叫孩子到雕塑铺子里去拜师学艺，学习那些匠人惊人的记忆力，这就是色彩记忆和线条记忆。

每年4月4日，雅典城都要举行艺术狂欢节，演出3天戏剧，城里男女老少倾城出动，去卫城大剧场看戏。亚里士多德特别爱看戏，早在3月柳枝发芽的时候，他就会一天一天计算日子，催促爸爸带他上卫城大剧场看戏。雅典的戏剧每天演出三场，大约10小时，而孩子却全然忘了疲劳，从早到黑看得津津有味，还能把许多台词背诵出来。由于戏剧的内容讲的都是特洛伊英雄的故事，而老父亲早已把《荷马史诗》背得滚瓜烂熟，他就同儿子签订一个协议，每天晚上父亲给儿子讲一个特洛伊英雄故事，条件是儿子必须将故事情节复述出来。这在现代被称为语言记忆，同样也是培养记忆力的有效方式。由于日复一日地复述故事，亚里士多德的记忆力非常惊人。他不仅把父亲的医书阅读到了过目成诵的程度，而且还记住了哲学和数学方面的许多知识。他把每一个例题仔仔细细琢磨一遍，再去记诵与例题相关的公式，例如毕达哥拉斯定理什么的，这就叫作理解记忆。

由于有了父亲从小精心培养的惊人的记忆力，亚里士多德广泛涉猎了政治学、戏剧学、心理学、医学、物理学、数学各个学科，并且广有成就，被历史学家称为"百科全书式的学者"，最后还当上了马其顿王子亚历山大的老师。

记忆力、观察力、注意力、思维力、想象力，是孩子智力的五大构件。要让孩子出类拔萃，必须下大决心培养上述五大智能。

古代教育把记忆力作为最基础的技能加以训练，这是因为古代书写工具极不发达，信息保存手段相当贫乏，所以人的大脑就成了最重要的信息资料数据库，记忆量的大小也就成为学问高低的重要标志。

在现代，记忆力同样是学生学习的基本能力。目前，中小学主要是学习基础知识，而获得基础知识的主要手段就是识记，所以记忆力好的学生往往就是成绩最优异的学生。

记忆力不是才能，也不是天生的，是经过努力才能获得的能力。有了这种信念，相信你的孩子会对记忆力的提高充满信心。

让孩子勤于思考

"我思故我在。"这是法国哲学家笛卡尔的传世名言。

直到现在，我们依然能感受到这位伟大思想家的思想光彩。笛卡尔的成功离不开家教成就高超的思维能力。

1596年，笛卡尔出生于法国风景迷人的拉艾小城。他父亲是布列塔尼最高法院的法官，地位显赫。可他本人却很不幸，从小就失去了慈爱的母亲，因而父亲就独自承担了抚养孩子的重担。

小笛卡尔5岁开始接受正规教育，8岁开始学习欧洲最深奥的学问"经院哲学"，属于那种大器早成的孩子。可他有一个不大不小的毛病，特别喜欢睡懒觉。平时他晚上看书看得很迟，早上就泡在热烘烘的被窝里思考书上的问题。有人认为，这是一个缺点，时不时地笑话笛卡尔，但是笛卡尔的父亲认为这是孩子的一个特点，他支持孩子说："你有独立的思想就有独立的人格，根本不用在乎人家说些什么。"

父亲特别注意培养孩子的思维习惯和思维能力，他告诉孩子说："财产是靠不住的，再富的家庭也延续不了三代。权力也是靠不住的，再显赫的家庭也同样延续不过三代。像法国最有权势的人物希龙，威风了两代人也就让皇帝给贬掉了。最重要的是靠自己，靠自己的学识和才智，这才是最具有长久生命力的东西呀！而要获得这些，关键是要学会独立思考问题，具有思维能力。"

笛卡尔 9 岁的时候，父亲带他到勃艮第公爵家做客，公爵刚从非洲买回来一群鸵鸟，每一只都是健壮无比和奔跑如飞的庞然大物，上面还能骑小孩子。有人说："别看这鸵鸟长得又高又壮，其实是胆小如鼠之辈。如果遇到敌人，就会把脑袋藏到沙子里，等着猎人去抓呢！"父亲笑着问笛卡尔："有句俗语说'不要当藏头露尾的鸵鸟'，你说鸵鸟遇到危险的时候应该怎么办呢？"笛卡尔毫不迟疑地回答："如果鸵鸟遇到危险就把头藏在沙子里，那么它早就在地球上灭绝了，因为鸵鸟毛那么值钱，非洲人不抓它才是怪事呢。再说，它的腿那么长，身子那么高，也不大可能把头藏在沙子里呀。我想，它最好的逃生方式，应该是拔腿就跑！"笛卡尔非同凡响的一席高论，弄得周围的贵客们目瞪口呆。有人反驳说："藏在沙子里的鸵鸟已经成了人所共知的常识，你怎么能随便怀疑呢？"父亲就鼓励笛卡尔说："常识也不见得句句都是对的。"

笛卡尔 14 岁那年，他又遇到了一个麻烦。笛卡尔父亲有一个好朋友是当地一位著名的商人，名叫希拉。希拉花了 200 法郎在巴黎买回来一只名贵的德国斑点狗，这在当时可真是一笔大价钱。然而买回来以后希拉不仅大失所望，而且叫苦不迭。因为这条挺好看的斑点狗是个超级哑巴，压根儿就缺乏看门的本领。它尽管出身名门，血统高贵，却像个大傻瓜一样，整天只晓得吃喝拉撒，把屎尿拉得满院子都是。

这弄得希拉非常恼火，曾经几次向笛卡尔的父亲诉苦说："干脆把这条懒狗拉到野外扔掉，让它当野狗好了。"笛卡尔的父亲不愿意这样做，他交代笛卡尔，要他一定给希拉解决难题。

笛卡尔立刻拿出纸和笔，飞快地画出一根树干，然后再在树干上方描绘出几根树枝，并告诉父亲说："这根树干就是斑点狗难题，这几条树枝就是尽可能多的解决办法。如此这般，我就采用数学解析的方法把狗的问题分解成了 5 个处理狗的方案。斑点狗不会看门也不会叫应该怎么办？

"第一，希拉先生最容易的处理办法当然是再买一只，这种处理方式最简单而且最高效。当然也不是没有缺点，至少希拉先生还得从口袋里再掏出 200 法郎。

"第二，把这条懒狗退回给狗场老板，当然这又得花费一大笔运输费用，而且这条懒狗又脏又臭，路上患了什么传染病也说不定。如果出现了上述情况，这就意味着增加一笔医疗费用。

"第三，训练狗按警铃，同样可以利用狗的灵敏嗅觉和听觉。在正常情况下，估计教会一只狗按门铃需要 25 ~ 30 天时间，还得请一位比较好的猎狗训练师，其全部费用大约是 20 法郎。根据成本和狗本身的价值来估算，这笔支出还是挺合算的。

"第四，在狗窝里装一根触动绳。只要它一离开狗窝，就会碰撞绳子，触动警铃。根据我最近的观察，这条狗听觉特别灵敏，只要在 100 米以内出现脚步声，它就会像炮弹一样冲出来。因此可以断定，安装触动绳的办法费用最低而且肯定有效。

"第五，找出狗不会叫的原因并且进行有效的纠正。我们甚至还可以建议希拉先生在大门口竖立一块牌子，上面写着警示：'注意不会叫的看门狗！凶恶的狗比会叫的狗更可怕！'这才有威慑力呢。"

父亲听了，大加称赞地对笛卡尔说："你能够采用数学解析的方法来处理生活难题，真是不错！"

父亲的夸奖和鼓励，大大激发和增强了笛卡尔发展思维探索难题和研究科学的兴趣。1637 年，他发表了自己的长篇著作《方法论》，提出一切知识都可以采用数学推理的方法来证实，从而一举成名。

爱因斯坦曾说过："发展独立思考和独立判断的能力，应当始终放在首位，而不是获得专业知识。如果一个人掌握了他的学科的基础理论，并且学会了独立思考和工作，他必定会找到他自己的道路，而且比起那种主要以获得细节知识为其培训内容的人来，他一定能更好地适应进步和变化。

"思考，思考，我就是靠这个学习方法成为科学家的。"

培养善于独立思考的人，是我们教育的目标之一。我们应当让孩子早一点养成勤于思考的习惯。

让孩子倾心想象

1425 年 4 月 15 日，在意大利著名城市佛罗伦萨西南的一个小镇上，诞生了一个活泼可爱的小男孩。这给全家人带来了无限的幸福和快乐。

7 岁时，他被送进了教堂附近的教会学校去读书。但他似乎对课堂上老师讲的那些枯燥无味的拉丁文并不感兴趣。他经常偷偷地从教室里溜出来，到村子外的田野里去玩。

他的天真与好奇心，只有在美丽的大自然中才能得到满足。他经常一清早就从家里出来，在上课之前躺在山谷的草地上，出神地注视着平地飞起的云雀，想象着他们飞翔的奥秘，或者眺望远处隐隐约约的阿尔卑斯山的雪峰，不知道那上面是否住着神仙。有时，他想象着自己身上长了翅膀，像云雀一样，飞到阿尔卑斯山，去找山上住的神仙。

每次外出，他总会带回一些奇形怪状的小动物或奇花异草，回家后观察、描绘。

时光流逝，日积月累，他画的东西逐渐有了一点画意，曾有一次，他花了一个月的时间把收集到的蜥蜴、蛇、蜘蛛、蜈蚣等各种小动物集中起来，从中选出具有特色的身体部分，拼凑起来再放大，画出了一个似幻似真的可怕的怪物。这位有着特别想象力的小男孩，就是后来著名的画家列奥纳多·达·芬奇。

在达·芬奇成名的道路上，不可否认他的勤奋与刻苦，但谁又能否认那丰富而奇特的想象力对他的帮助呢？其实，世界上的每个孩子，包括您的孩子，都是天生的梦幻家。

儿童文学家迈克·安迪曾经说过，他的《默默》和《说不完的故事》这两本获得儿童文学奖的作品，创作来源就是那些街头巷尾的孩子们的"梦幻之思"。

"梦幻"即想象力，在成人的眼中，那是一种不切实际的感觉，但在孩子的世界里，却是一个充满神秘与强大吸引力的理想处所。在这里，孩子可以骑着一条板凳，驰骋在辽阔的草原上；可以和一只小羊羔说悄悄话；可以是布娃娃的妈妈；可以是手拿玩具枪的无敌战士……

想象是智力发展的重要因素。人们把想象力比作智力的翅膀，孩子丰富的想象力是他们智力腾飞的重要条件。要开发孩子的智力，父母必须走进孩子的梦幻世界，去了解孩子，亲近孩子，发展并引导他们的想象力。

一个人想象力丰富，思路必然开阔，智力发展水平便会有所提高。世界著名的物理学家爱因斯坦就是由于其丰富的想象力而发现了相对论。据说，他不是在书桌前发现相对论的，而是在近乎一种怪诞的想象中突发灵感而发现的。

夏天的一个早上，工作了一夜的爱因斯坦，走出了自己的书房。为了驱赶疲劳，他爬上了村子后面的一个小山头，清新凉爽的空气和悦耳的鸟鸣，使他顿感轻松了许多。爱因斯坦躺在小山头上的一块平滑的大石头上，眯着眼睛向上看，这时东方的一轮红日正冉冉升起，万缕霞光穿过他的睫毛射进了他的眼睛，爱因斯坦好奇地想，如果能乘着一条光线去旅行，那将是什么样子呢？于是，他展开了想象的翅膀，在近似梦幻的世界里做了一次宇宙旅行。

神奇的想象力把他带进了一个地方，这个地方是经典物理学的观点所不能解释的。于是，爱因斯坦怀着急切的心情，走下山头，回到屋子里，提出了一种新的理论，以解释他的想象。而且他还坚信，这种理论比经典物理学还要正确，这就是震惊世界的"广义相对论"。

后来，爱因斯坦深有感触地说："想象力比知识更重要，因为知识是有限的，而想象力概括着世界的一切，推动着进步，并且是知识进化的源泉。"如果一个人想象力贫乏，思路狭窄，其智力就难以发展。因此，要开发孩子的智力就必须开发孩子的想象力。让孩子倾心想象吧，心所能达到的地方有多远，人生就有多远。

让孩子热爱学习

塔·布克是一个瑞士的钟表匠，1560年他在埃及的金字塔游历时，提出了一个大胆的想法——金字塔的建造者，不会是奴隶，应该是一批欢快的自由人！

塔·布克这种看法否定了希罗多德在《历史》中所记载的,金字塔由30万奴隶所建造的"历史事实"。但是,就是这种常人很难理解的"想法",在2003年却得到了科学考证的证实。在这一年,埃及最高文物委员会宣布,通过对吉萨附近600处墓葬的发掘考证,金字塔是由当地具有自由身份的农民和手工业者建造的。

在四百多年前,为什么一个钟表匠能一眼看出,金字塔是自由人建造的?塔·布克是从钟表的制造中获得灵感的。

1536年,布克因反对罗马教廷的刻板教规,被捕入狱。由于他是一位钟表大师,入狱后,被安排制作钟表。在那个失去自由的地方,无论狱方采取什么高压手段,都不能使他制造出日误差低于1/10秒的钟表。可是,入狱前的情形却不是这样。那时,他在自己的作坊里,都能使钟表的日误差低于1/100秒。

为什么会出现这种情况?起初,布克认为是由于制造的环境造成的,可是后来,他越狱逃到日内瓦,才发现真正影响钟准确度的不是环境,而是制作钟表时的心情。

在有关塔·布克的史料中有这样两段话:

一个钟表匠在不满和愤懑中,要想圆满地完成制作钟表的1200道工序,是不可能的;在对抗和憎恨中,要精确地磨锉出一块钟表所需要的254个零件,更是难比登天。

金字塔这么大的工程,被建造得那么精细,各个环节被衔接得那么天衣无缝,建造者必定是一批怀有虔诚之心的自由人。真难想象，一群有懈怠行为和对抗思想的人，能让金字塔的巨石之间连一片刀片都插不进去。

塔·布克是瑞士钟表业的奠基人和开创者。据说，瑞士到目前仍保持着塔·布克的制表理念：绝对不与那些采取强制性、有克扣工人工资行为的国外企业合作。他们认为，那样的企业永远造不出瑞士表。

由此可见，在严格监管的地方，在身心受到摧残的时候，别指望有奇迹发生，因为人的能力，唯有在身心和谐的情况下，才能发挥出最佳水平。

所以，我们的家长不要以管孩子管得严而感到自豪了，不要为孩子服管而感到得意了。"要我学"和"我要学"是有着本质的区别的。在家长严格监督之下，孩子也许可以按时地完成学习任务，但因为是处于一个"要我学"的被动状态，又怎么可能发挥出最佳学习水平？只有我们以引导孩子的学习兴趣为主，让孩子自主自发地学习，变"要我学"为"我要学"，使孩子的身心处于一种愉悦的状态，才有可能激发孩子的潜能，达到最佳的学习效果。

"学生应该是能发光的灯，而不是存储燃料的瓶"。我们教师和家长不要做学生思想的保姆，要让知识成为学生自己思考的果实。"带着知识走向孩子"，不过是"授人以鱼"；"带着孩子走向知识"，才是"授人以渔"。

我国著名力学家、教育家，中国科学院资深院士钱令希说：

"学习如同在硬木头上钻螺丝钉，开头要锤几下，搞正方向，把基础打牢，然后拧起来就顺利了。否则，钉子站得不稳不正，拧起来必然歪歪扭扭，连劲也使不上。"引导孩子学会学习也是这样，在最初的时候，就应该注意把发展的方向和运用的格局搞正砸牢。

张东的儿子马上就要升初二了，可从小学到现在的学习都是在父母不断地督促下完成的。早上起床要叫；放学回家做作业要催；预习和复习要监督；休息和放松的时间更要家长掌握，否则就会"超标"。老师在学期末的评语中也说，张东的儿子缺乏学习的主动性。

孔子说："知之者不如好之者，好之者不如乐之者。"这就是内动力的激发。人有内动力才能更好地、主动地前进。那么，怎样才能变孩子的"要我学"为"我要学"，使得他们有内驱力，自愿、自觉、主动去学呢？

首先，不要过分督促孩子。

家长的任务是培养孩子的学习兴趣，而不是监督或督促他们去学习，要真正地把孩子的主动权还给孩子，给孩子一个平和、安宁、温馨的学习环境。

家长的唠叨，不停地催促、训斥，使家庭气氛紧张，孩子无法获得宽松宁静的学习环境，这绝对不是行之有效的办法，而且老是被大人督促着学习的孩子，就非常被动，时间长了，结果往往事与愿违，孩子逐渐失去了学习的主动性。

当然，对一些自制力较差或年龄偏小的孩子，适当的提醒、督促是必要的，但也要讲究方法。比如，孩子玩得太久了，家长可以用商量的口吻说："你准备什么时候做作业呢？"这样做的目的就是提醒孩子要自己安排学习，如果家长总是用命令的口气说："该做作业了，不要玩了！"时间长了，必然会引起孩子对你以及对学习的逆反心理，那还谈什么主动。

假如孩子的学习上的缺点很严重，比如马马虎虎的坏习惯等，父母对此要进行责备，但也应该变换不同的言语来指出，切忌唠叨，还要注意责备时语调应比平常说话的语气低一些，让孩子明显感觉到你所要表达的不是责怪，而是对他的关心。

其次，使孩子明确学习目的。

如果能让孩子了解，为了自己的前途，现在努力读书是绝对必要的，那么，对孩子来说，这就将成为一个比什么都强烈的用功动机。可以让孩子谈自己的理想，让他们的理想充分扩大发挥。这样一来，许多孩子会自然而然地领悟到：要实现自己的理想，现在就非努力用功不可了。

大家都知道，一般人的智力差异并不大，但为什么在同一个班里，同样的老师教，有的同学能学得很好，而有的学习的效果却相差那么远呢？究其根本原因就是学习目标是否明确，有没有长远的理想和目标。学习目的不明确，不够刻苦，懒懒散散地过日子，不用功学，这些同学的学习成绩当然提不上去。久而久之还会对学习失去兴趣和信心，造成恶性循环。所以，想孩子学得好，一定要使孩子有明确的学习目的。

再次，创造适宜孩子学习的家庭气氛。

有位教育学家说过："在学习方面，人的最有价值的财富是一种积极的态度，而在这种态度下，头脑会因此产生一个新的思想而伸展，再也不会回到它原来的层面。"有研究表明，80%的孩子学习比较困难大多与压力过重有关，而要想提高孩子的学习效率，激发孩子的创造潜能，就必须设法解除这些压力。因此，我们要善于为孩子创造适宜的学习气氛，营造宽松愉悦的环境。

最后，让孩子学会主动学习的方法。

当孩子提问时，不要推托，也不要直接告诉他答案，而是告诉他通过哪些途径可以找到答案。例如，查字典、从相关的报刊书籍中查找、动手实践等都是好方法。

孩子能否自主学习，还要家长真正的放手。学习上的事情，要尽量放手让孩子自己安排，家长可以适当给予引导和提醒，但决不能包办，否则孩子会对父母有依赖感而缺乏主动。

爱问没有错，回答有技巧

孩子总是有着无比强烈的好奇心，他们从不管自己问的问题是不是可笑，也不会去想爸爸妈妈能不能回答自己的这些问题。

亲子关系
——孩子一生价值千万的财富

尤其是当孩子到了快要入学的年纪时，他们会变成"十万个为什么"。他们见到什么问什么，想到什么问什么。"为什么有的豆子是青色的，有的却是黄色的？""为什么妈妈穿裙子，爸爸从来不穿？""天为什么是蓝的？""月亮为什么不会掉下来？""我们为什么会有五个手指？""我是怎么来的？"……

如果父母对孩子的问题能够认真、充分地解答，孩子会感到被尊重，好奇心也得到发展。所以，父母应该保护好孩子的好奇心，认真回答孩子的每个问题。如果当时实在没有时间和精力去解决孩子的问题，也要记住在自己空闲的时候，给孩子解答。有时候，孩子问的问题可能自己也解决不了，或者给孩子解释不清，那么应该告诉他，这些是自己不能解答的，或者告诉孩子等到他长到一定的年龄，才能听懂这些东西。

但是，实际生活中，当孩子们不断地问"为什么"时，父母一般都会不胜其烦，就算有耐心的父母，也未必有能力一一解答孩子的问题。

所以，在问问题的时候，孩子们常会"碰壁"："小孩子，不懂的不要乱问！""不是告诉你了吗？你怎么这么多事？""你怎么这么多事？我也不知道！"……于是，这些小家伙伤心地走了，他们这才知道原来问问题需要一些条件，原来问问题是错误的，原来大人也有不知道的时候……于是，很多小孩子都乖乖地闭上了嘴巴，看到一些新鲜的事情，也不会马上就大喊"妈妈，那是什么？"所以，我们会发现，孩子越长大，问题也就越少了，家长也不必费尽口舌地告诉他，这是什么，干什么用的，为什么会出现这样的现象？总之，解脱了！

可惜的是，孩子天生的好奇心在问题消失的时候，也随之慢慢消失了。这是一个失败教育的开始。随着好奇心的泯灭，孩子就不再去主动认识世界，自然而然地，孩子认识世界的能力也降低了。同时，他们也很少再有主动获得知识的快感。随之而来的，他们失去了本应具有的独创性，而这才是他们人生中重要的东西。一个人没有了好奇心，没有了独创性，也就没有了主动认识问题、解决问题的能力。

其实，父母回避孩子不断问问题的心理虽然可以理解，但是不能提倡。父母在孩子心中的威严并不完全建立在"博闻多识"这一条上，对事情的态度、对孩子的信任和尊重、在工作上取得的成绩、夫妻之间的评价都会影响到孩子对父母的认识。如果父母在平时的生活中很积极，面对家庭的困难也毫不气馁，对孩子呵护备至，常常得到邻居的称赞，那父母在孩子心目中就会有很好的形象，即便遇到问题不会回答，孩子也不会因此改变对父母的崇拜。

另外，承认错误是一种勇气，承认自己的无知更需要勇气。当父母在孩子面前真实地说出自己也不知道的时候，孩子与你的距离会更近。当然，承认自己不知道还只是回答问题的第一步，如果只说一句"我也不知道"就走人了事，会让孩子感到失望。怎么办呢？当孩子的提问兴致在没有得到回答的情况下大减时，父母不妨说："虽然我现在不知道答案，但是我知道在哪里可以找到答案。让我们去图书馆寻求神秘的答案吧！"听到父母的这番话，孩子会马上兴奋起来，想去图书馆探个究竟。

不要因为怕自己丢面子，怕在孩子面前没有权威，随便编个答案告诉他。这对孩子没有任何好处。在他没有知道事情真相之前，会把你的答案当作真理，告诉别的小朋友。这样，带给他的很可能是嘲笑和讥讽，而在他知道真相之后，就会不相信你了。

独立解决问题的能力是拉开人与人之间的差距的重要指标，当孩子向你提出难以回答的问题时，不要回避或假装知道，尽管把真实的情况告诉他，让他学会独立解决问题，这样的他才能成长得更扎实、更健康。

赏识孩子的兴趣爱好

什么是天才？怎样才能培养出天才？有人说，天才就是毅力；有人说，天才就是勤奋；还有人说，天才就是入迷。但归根到底，天才源于兴趣。要知道孩子的头脑不是一个要被填满的容器，而是一支需要点燃的火把。

兴趣是孩子最好的老师，没有兴趣的孩子，其成长过程是不健全的，还可能导致心理疾病。日本著名教育家木村久一指出："制造凡人的方法是极为简单的，那就是不让孩子热衷于某一事物，只这一点就够了。对任何事物都不着迷，都不感兴趣，这就是凡人的特征。"每位教育工作者所要培养的，当然不希望是凡人；每位家长所期望的，当然也不会是凡人。"望子成龙，望女成凤"这大概是家长所共有的心愿吧！

小陶陶生活在一个幸福的家庭，妈妈怀他的时候，爸爸就已经为他买好了钢琴。这不仅仅意味着家庭的富足，也表明了他的父母为孩子的将来设计了一条充满浪漫色彩的人生之路。可是，小陶陶一直到5岁都没有弹过一次琴，他对这个庞然大物天生就没有什么好感。当他6岁的时候，父亲正式为他请了一位钢琴老师，可是只学了4个月就半途而废了。为此，小陶陶不知多少次遭到父亲的责备。

然而令父亲不理解的是，小陶陶无意之中却迷上了电脑，他玩起电脑游戏来超过了同龄人的智力水平。电脑绘画也是他的一项特长，有一次居然在学校里得了奖。这件事对父亲的触动很大，他思索良久，后来他终于理解了孩子。从孩子的气质上，他发现孩子没有艺术可塑性，但将来却可以是个不错的工程师。

从此，他没有再强迫儿子练琴。

人们经常会听到这样的俗语：吃草的骆驼莫喂肉。说的就是骆驼是吃草的，肉的味道虽然鲜美，但骆驼是不会去吃的。同样我们对孩子进行教育也要奉行这个道理：按照孩子的兴趣、爱好来培养孩子。

在教育中，时时注意培养孩子的兴趣，这几乎是每一个成人都懂得的道理，但并不是每位家长、老师在教育孩子的过程中都能做到的。

在我们的生活中经常会听到诸如此类的话，"我的小孩的确出问题了，他3岁时就认得两千多字，能背古诗四十多首，会100以内的加法运算，亲朋好友都说是个'神童'，可是一上小学，孩子开始厌恶学习，对学校教的不感兴趣。"这段话透露出家长对孩子失去学习兴趣的担忧。

为什么一个天真烂漫、热爱探索、想象力丰富的孩子上了小学后，反倒变成对基本的学习都没有兴趣了呢？是谁"夺"走了孩子的学习兴趣，让孩子到了小学就开始没有探索的欲望了呢？

这难道要归结为应试教育的失误吗？难道我们做家长的就一点责任都没有吗？回想一下，我们在培养孩子的兴趣方面都做了哪些努力？

读一读下面这则事例，然后你在细心反思自己的所作所为，也许就能够有所反省。

曾帅从3岁开始就是个故事迷，每晚睡觉前总要缠着妈妈讲故事，枕着一个个童话，一首首儿歌才能悄然入睡。妈妈给他讲了一年故事后，便鼓励他讲故事给妈妈听。起初，让他把给他讲过的故事再讲一遍，不完整的地方，就由妈妈来为他补上，由此加深他对故事的记忆，对情节的把握。渐渐地，又开始培养他自己编故事或儿歌，有意识地开发他稚嫩而独特的想象力。如今，6岁的曾帅已经成了能编会讲的小故事大王，故事可以随时就讲，儿歌更是可以张口就来。

为了进一步调动儿子创作故事的兴趣和积极性，妈妈采取了给他发稿费的办法。只要是他自己独立创作的故事、儿歌，经妈妈认可后，每个故事、儿歌发给 5 角钱的稿费，而且当场兑现。他所挣的稿费，完全由自己保管，自由支配。同时，妈妈有意"克扣"他的零花钱，在他想买东西的时候，就鼓励他自己挣"稿费"去买。

在这种情况下，大大地激发了孩子的"创作热情"，小家伙开始开动小脑瓜，积极主动地想故事、自编儿歌。每天晚上，妈妈用 1 小时的时间，审听他的作品，一旦达到"发表"水平，就马上付费，绝不拖欠，既表明了家长的信用，又使他现场感受到了成功的喜悦。对一些还不够"发表"水准的习作，妈妈会及时给他提出修改建议，直到他修改成熟后，再发稿酬。

久而久之，曾帅编故事、儿歌的能力越来越强，挣的"稿费"也越来越多，有了自己的"存款"。有时，他一天就能编出几十个故事、十几首儿歌来。他用孩子独特的视角和感受，进入一个个童话世界，打开一片片儿歌天地，有时，大人都不得不对他刮目相看。

由此可见，作为家长，以一颗宽容的心赏识孩子的兴趣之源是多么的重要。

人最可悲的是一生对什么都没有特殊兴趣和爱好，孩子最不幸的是父母凭主观意志扼杀其兴趣和爱好。孩子的兴趣之苗一旦破土而出，作为家长就应该精心呵护，不要让其因"杂草"淹没而枯萎，更不要随意破坏它。因为"兴趣是最好的老师"，兴趣可使一个人的智能得到最大限度、最持久的发挥。它一旦被点燃，将会迸发出无穷的潜力，创造出天才，创造出奇迹！

赏识孩子的好奇心

有一位作家说：好奇心造就科学家和诗人。满足孩子的好奇心，驱使孩子激发出对好奇内容的兴趣，是家长应该操心的重点。

教育学家塞德兹给我们讲述一个这样的故事。

塞德兹的舅舅是个生活刻板严谨的人，极有规律，无论发生什么事，作息时间从不改变。但这么一个讲究纪律的人，却有一个最调皮捣蛋的儿子彼得。

彼得是个精力旺盛的孩子，成天都在不停地动，不知疲倦地摔碎器皿，弄坏东西，惹是生非。他与他的父亲是两个极端，因此两父子之间的战争一天之中不知要发生多少次。

有一次，彼得把祖母刚送给他的万花筒拆开了，想看看里面究竟藏了些什么，这自然会招致他父亲的愤怒。拆东西可算是彼得最大的爱好了，凡是让他感到好奇的东西，都逃不过被拆的命运，当然他也逃不过挨揍的命运。可是，无论父亲多少打骂，他的这个毛病始终也改不了。

还有一次，彼得竟然把一块金表给拆开了，要知道这块表是彼得故去的爷爷留下来的遗物。他父亲一直十分珍惜，总是带在怀里，从不离身。不久前表出了点故障，必须拿去修理，哪知还没来得及修，就被他这个调皮的儿子给翻了出来。现在这表被大卸八块，零件散落了一地。塞德兹的舅舅立即暴跳如雷，一耳光将儿子扇得坐在地上，接着他上去就是一阵拳打脚踢。

　　站在一边的塞德兹实在看不下去了，上前去抓住他的胳膊，高声说："请不要打了，你这样打孩子太过分了。"

　　他跺着脚说："你还护着他！你看他把我的表弄成什么样子？"

　　"彼得是弄坏了表，但是你认为一块表比自己的儿子更重要？"

　　这时，彼得抽抽搭搭地说："我没弄坏表……我……我只是拆开看看它哪儿出毛病了……"

　　塞德兹继续对他说："不管彼得是修表还是拆表，你都不应该打他，你这一打，恐怕又一个'爱迪生'就这样被你给'枪毙'了。"

　　他愣了一下，问道："我不懂你这话是什么意思？"

　　"就算孩子拆坏了金表，他也只是想知道金表里到底有什么，这是一种好奇心，这是有求知欲和想象力的表现，也是一种创造。如果你是一个明智的父亲，就不应该打孩子，而应该解放孩子的双手，要给孩子提供从小就能够动手的机会。"

　　那天彼得哭了很久。他一个人坐在门前的台阶上，已经不哭了，可是眼睛里却充满了9岁的孩子不该有的忧郁神情。

"我现在该怎么办呢？"塞德兹的舅舅有些后悔。

"补救的办法还是有的，"塞德兹接着说道，"你可以和孩子一起把金表送到钟表铺，让孩子站在一旁看修表匠如何修理，这样，修表铺就成了课堂，修表匠成了先生，你的孩子就成了学生，修表费成了学费，孩子的好奇心也可以得到满足了。"

塞德兹的舅舅依计而行，彼得果然开心地笑了。

天真的孩子对世界的一切都感到新奇，很多孩子都有好奇心。例如，牛顿因为苹果从树上掉落而引起好奇，后来发现了"万有引力定律"；瓦特对滚水把水壶盖子掀起产生好奇，进而探究其原理，才有蒸汽机的发明。这些都是科学家好奇心与求知欲的美谈。

孩子对所听到的、见到的、小手摸到的都觉得很新鲜，这也是一种经验，他们的知识是由不同的经验而逐渐扩大的，对于很多事好奇，因而产生疑问；疑问就是儿童智慧之芽，若大人不让他的疑问得到满足，无形中将会摘掉成长中的智慧之芽，是很可惜的。

孩子们的好奇可能会给父母们带来麻烦感，父母们要经常面临小孩子各种问题的"考验"。比如，"太阳和月亮会相撞吗？""星星有妈妈吗？""我从哪儿来？"等。同时，这些孩子有一股"不屈不挠"的探索精神，越是不让动的，他偏要去动。比如，他极有可能在刚装修好的房子里画一幅爸妈的"肖像"画；或者倒出一整袋面粉自己"铺路"，等等。遇到这种情况，许多父母都对孩子提出了"约法三章"：不准动、不能摸、不要拿。久而久之，孩子就失去了探索精神。

心理学研究表明：孩子的心理发展还处于一个相对不平衡和不稳定阶段。他们对新生事物怀有好奇感和新鲜感，满腔热情，但遇到困难又有畏惧不前的现象，缺乏信心。因此，家长应为孩子创设一个和谐、融洽的活动氛围，打消孩子的各种顾虑，使他们充满信心地轻装上阵，这是孩子"敢"动的前提。

所以，当我们的孩子在为一件成人所不能理解的小事大伤脑筋时，请不要给他们"泼冷水"，让他们大胆去破坏吧！

第四章

亲子关系决定孩子的生活态度

可以不擅长艺术，不能不热爱艺术

孩子需要艺术的熏陶。但这并不是指每个孩子都要从小学弹琴、学画画，这些应依孩子的兴趣而定。孩子可以不擅长艺术，但却不可以不热爱艺术。

艺术可以拓宽孩子的视野，增加孩子的见识，培养自己良好的情趣。有才华的孩子总是会令人印象深刻，并且给人带来愉快的心情，古今中外都是如此。当这样的孩子走入社会后，写一笔遒劲的好字，可以给上司留下深刻的印象；弹一手漂亮的钢琴，让平时普通的他多了一份浪漫色彩；甚至当他以后结婚成家后，做一盘可口的家常菜，更令爱人惊喜和佩服。才艺不仅可以丰富孩子的生活，更有益于养成平和恬静的心境，让他的内心世界和生活本身一样多姿多彩。

一般，孩子3岁以后，开始对自我和环境有审美要求。到了这个年龄段会对自己的衣着等各方面产生浓厚的兴趣，有些孩子甚至更早就在这方面有了敏感性。这个时候，如果父母对孩子进行正确的指导、引导、鼓励，孩子就会对艺术产生浓厚的兴趣。

深谙交际技巧的孩子可以很快认识朋友，但要赢得尊重和好感，还需要有自己的见地和特长。

日常生活的感触琐碎细小，终日谈论生活是非，终归显得没有风度。而一个思想上站得更高的人，见地往往不同凡响，能赢得听众发自心底的赞叹。那么什么可以让人的灵魂站在更高的境界？答案是艺术。

提到艺术，很多人认为它代表音乐、美术、雕塑、舞蹈等具体的学科，因而很多家长以为将孩子送到艺术学校，学一门才艺就算是跨进艺术的门槛了，这其实是对"艺术"一词的片面理解。我们没有必要去用学术的观点讨论艺术的定义，通俗地说，艺术是抒发、传递、调动思想情感的手段。

按照这样的定义，每一个人都是艺术家，每个人的日常生活都可以成为一门艺术。艺术并不是专属于大师的，它属于每一个人，因而也就没有必要盲目地崇拜西方的交响乐和让我们迷惑的希腊神话。

培养艺术领悟能力的方法包括学习乐器、倾听音乐、参观画展等，这一点已经得到很多家长的重视，不论孩子们是否喜爱，家长都愿意花钱将孩子送进才艺学校去受熏陶。但是这样的方式达到的效果是有限的，如果孩子自己不喜欢，反而会增加他的厌学情绪。

针对目前家长和孩子面临的学艺困惑，再去强调学习一技之长的重要性已经显得有点多余，我们需要面对的已经不是孩子学习艺术的资金投入问题，而是如何让孩子与父母的相处成为愉快而祥和的艺术的问题。太多家长寄希望于乐器，却忽视了自己对孩子的艺术修养的引导作用。

希腊有个习惯，妇女在怀孕期间要观看美丽的事物，据说这是为了使孩子也能成为美丽的人。美能使人精神愉悦、情绪放松，而愉悦和舒适能使人变得更加美丽。

教育家斯特娜夫人也建议给孩子营造一个优美、舒适的室内环境。孩子的房间应选择空气新鲜、阳光充足的屋子；墙壁最好是有利于视力发展的暗绿色，上面最好挂有各种美丽的装饰，可以是名画的复制品；床要洁白，被子要软而轻；最好在桌上陈列一些孩子喜欢的雕塑。

与斯特娜夫人的主张相似的还有教育家洛克，他号召家长让孩子多接触音乐，并相信旋律可以刺激大脑的发育。

父母在孩子的生活中处处留下了痕迹，即便是孩子对艺术的理解也不例外。能够对艺术有敏锐的感知的孩子，心灵往往也敏锐纯洁，这样的心灵需要父母来呵护。说到底，还是要求父母自己有涵养。

如果父母的言语和动作都粗俗不堪，又常常在孩子面前谈论是非、吵架骂人，给孩子留下的就会是一副市井小人的形象，一方面孩子会模仿，自己成为一个缺少教养的人；另一方面孩子的心灵也会被父母的大意损伤，这样的孩子面对青山绿水、天高云淡的美景也会无动于衷。

与孩子一起学习名著、排演戏剧、朗读诗文是很好的接触艺术的方式，做孩子的听众，让他在家里演奏乐器，就像开自己的演奏会一样，这是激发孩子学习的最好方式，也是让孩子的心灵得到爱的最好方式。

当然，艺术的魅力不仅是激发心灵、调动情绪，它还能丰富孩子的灵魂，使孩子建立起一种对美的信仰和追求。有艺术修养的人，气宇轩昂、谈吐不凡，更容易赢得别人的敬重，这也是艺术带给人生的一种财富。

让孩子主动承担责任

梁启超说："凡属我受过他好处的人，我对于他便有了责任。凡属我应该做的事，而且力量能够做到的，我对于这件事便有了责任，凡属于我自己打主意要做的一件事，便是现在的自己和将来的自己立了一种契约，便是自己对于自己加一层责任。"

有教育家把责任心比作是进入 21 世纪的护照和青少年能力发展的催化剂。责任感是人们安身立命的基础，同时也是孩子前进的一种动力。社会中的激烈竞争归根到底是人的竞争，人与人之间的竞争不仅是知识的竞争，更重要的是责任心的竞争。谁敢于承担更多的责任，谁就是赢家，谁就能胜出。缺乏责任感的孩子只会坐享其成，缺少前进的动力。

我国的一位公司领导到瑞士访问的时候，在一个洗手间里，他听到隔壁小间里一直有一种奇特的响动。由于这响动时间过长，而且也过于奇特，因此不觉引起了他的好奇心。

在好奇心的驱使下，他通过小门的缝隙向里探望。这一看更让他惊叹不已。原来，小间里一个只有七八岁的小男孩正在修理马桶的冲刷设备。怀着好奇他上前询问才知道，原来是这个小男孩上完厕所以后，因为冲刷设备出了问题，他没有把脏东西冲下去，因此他就一个人蹲在那里，千方百计地想修复它。而他的父母、老师当时并不在身边。这件事令这位领导非常感慨：一个只有七八岁的小男孩，竟然有如此强烈的负责精神，可见其国家或者说他父母的教育是非常成功的。

责任心是孩子终身受益的品质，更是一个人成就事业的基础。培养孩子的责任心是非常重要的，这是培养健康人格的基本内容之一。

要培养孩子的责任心，首要的一点就是要特别注意对孩子过失的处理。孩子由于年幼缺乏知识和经验，经常会造成一些过失，这毫不奇怪。譬如，一不小心打碎了他人的物品；一时冲动伤害了别人；粗心大意造成了麻烦等。发生诸如此类过失的时候，许多父母常常会责怪孩子，很可能就这样说："你怎么搞的？能这么做吗？赶快回家写作业去。"

虽然孩子遭到父母的一番训斥，但什么事也没有了，什么责任也不必负了，回去该学习就学习，该玩就玩。父母则留下来承担责任，又是道歉，又是赔偿。如此这般，孩子怎么可能有责任心？

造成孩子缺乏责任心的原因主要就是由于家长给予了孩子过度的保护，致使孩子没有机会独立自主做本该由他们自己负责的事，久而久之，孩子的依赖性越来越强，并且孩子还逐渐认为大人为他做事是理所当然的。

细想一下，不正是父母剥夺了孩子履行责任的机会吗？那么，如何培养孩子的责任心呢？

有这样一则小故事：

有一位朋友在法国朋友家做客，吃饭时主人家8岁的孩子用一小块面包逗小狗玩，狗跳起来撞翻了他手中的盘子，盘子碎成几块。男孩对父母说："你们看见了，是小狗打碎了盘子，不是我的错。"这时，父亲过来叫男孩离开餐桌到他自己的房间里去，想想自己到底有没有错。十几分钟后男孩走出房间，说："小狗有错，我也有错，我不该在吃饭时逗狗。这是你们多次对我说过的。"父亲笑了："那么今天你就该为自己的错误承担责任：收拾餐桌，并拿出零用钱赔这只盘子。"男孩同意了。这位朋友说，在法国多年，从未见过法国人在公共场合吵架。看来这个民族奉行自我检讨、勇于承担责任，这真是一种润滑剂，它最大限度地减少了人际交往中的摩擦。

生活中的点滴小事，都是培养孩子的责任感的机会，无论孩子独立行为的结果是好是坏，父母都要引导并鼓励孩子敢做敢当、勇于承担责任，而不宜由父母替孩子承担后果，以免给孩子提供逃避责任的机会，淡漠孩子的责任感。

另外，还要让孩子从小就学会做一个信守诺言的人，自己许下的诺言，就必须尽力去履行，只要是答应了别人的事情，就必须认真对待，这既是对别人负责，同时也是对自己负责。

此外，家长还应该注意的一点是要培养孩子的责任感，家长自己必须是具有责任感的人。

　　世界著名化学家、炸药的发明者艾尔弗雷德·诺贝尔对社会责任感就是来自父亲的言传身教。诺贝尔的父亲老诺贝尔对研制炸药特别感兴趣。一次，诺贝尔问父亲："炸药是伤人的可怕东西，为什么还要研制它？"老诺贝尔这样回答孩子说："虽然炸药会伤人，但是，我们要用炸药来开凿矿山，采集石头，修筑公路、铁路、水坝，为人民造福。"听了父亲的话，诺贝尔接着说："我长大了，也要研制炸药，用它造福人类。"可见，父亲的责任感、事业心对诺贝尔的影响很大。

正确归因，让孩子认清事实

　　心理学家说，犯错是孩子的惯常行为之一，错误本身并没有可怕之处，最让人担忧的是，当错误已成事实的时候，孩子却选择了逃避，而没能从中学到生活的经验。由此，当孩子犯了错误之时，父母绝不能毫无原则地让步，更不能姑息放任。父母必须帮助孩子正确归因，让他们认清事实，知道自己为什么失败，为什么犯错，错在什么地方。

　　报纸上曾经登载过这样一件事：

　　三年级学生李某一天放学后在回家的路上走，两名中学生拦住了他的去路："喂，借点钱给我们用用。"10岁的李某虽说从来没碰到过这种场面，但也毫不示弱："我不认识你们，没钱。"其实，那两个人早就看到他的裤袋里藏了个鼓鼓的钱包，干脆抢了就跑。这可是李某攒了180天的零用钱，共180元。他哭着喊着去追赶，可哪里还追得上。旁边的大人还以为是小孩在吵架，谁也没当回事。

一个星期后，李某在班主任许老师的护送下，与同学们一起排队走出校门。上次抢钱的一名中学生出现了，不同的是，这次他的身边还站着他的妈妈。妈妈把李某叫到一边说："对不起，我儿子不争气，抢了你的钱包。你的180元钱和钱包现在在他同学手里，我马上通知那个同学的家长。"不一会儿，另一名学生也赶到了，妈妈让两个孩子一起向李某道歉。

原来，这名抢钱的中学生的妈妈得知儿子与同学合伙抢了一名小学生的钱包后，寝食不安，仅凭儿子一句"那个学生可能在某某学校读书"，她便每天上学放学，带着儿子到那一带的小学逐个认人，终于发现了背着书包排队出来的李某……

这位充满勇气和耐心的妈妈，用另一种方式，一种比惩处更有效的方法，为自己的儿子、为更多的妈妈上了生动的一课：当孩子犯了错误时，千万不要偏袒他们，而是应该正确归因，让孩子认清事实，让他们为自己的行为负起责任。

心理学家指出，躲避责任，只会让孩子留下人生的硬伤，甚至一错再错。生活中，当孩子犯了错误的时候，家长要把握好分寸，让孩子多从自己身上寻找原因，不断地完善自己，学会为自己所经历的一切负责。

有一个年轻人，他在自己的文章里记录了母亲在一件事情上给过他的启发：

"中学时，我是住校生。每次离家前，母亲总不忘叫我带上一小袋米，因为我所就读的中学要求学生自己带米。

"又是一次返校，因为疲劳，一上车我就昏昏欲睡。突然，一个紧急刹车把我从梦中惊醒。我睁开眼睛，浑浑然间感觉前面有一摊耀眼的白色。定睛一看，我大叫起来——"天啊，我的米！"不知何时，米袋口脱开，米从袋子里滚落下来，摊在地上成一摊白色。当我失声尖叫的时候，一个冷漠的眼神从旁边斜射过来。我看见一张写满不屑的脸，仿佛在告诉我他看到了米滑落的整个过程。刹那间，我的整个肺都要气炸了，他怎么可以这样冷漠？世界上竟然还有这样的人存在！我不知道应该用哪一种方式去让自己平静。我只是蹲在那个年轻人的面前，用双手一捧一捧地把米送回袋子，然后安静地等着下车。

"此后，我一直被一种从未有过的愤怒和惘然所包围。我开始怀疑一些东西，重新审视身边的一切。

"当我又一次回到家里，讲述那天在车上的遭遇时，我余怒未消，用最狠毒、最丑恶的字眼来诅咒同车的那个年轻人。我满以为母亲会与我同仇敌忾，声讨这个年轻人的劣行。不料母亲却平静地说：'孩子，你可以觉得委屈，甚至可以埋怨，但你没有权利要求别人去承担你自己的责任和过失。作为母亲，我只能希望我的儿子在别人的米袋口松开时，能帮忙系上。'"

这位母亲的语言中充满了智慧，她很平静地告诉了儿子一些做人的道理：凡事不要把希望寄托在别人身上，更不要埋怨别人，永远也不要盼望着让别人来为你承担责任。从这位母亲的做法之中，我们可以参悟出培养孩子的心得：我们可以从身边的平凡小事中延伸到立身社会、处世做人的准则，经常告诫孩子凡是自己做错的事，自己就要负责任，不能让别人来替你收尾，甚至来承担责任和弥补你的过失。自己的事情自己负责，这样的孩子在进入社会时，才会少一些尴尬，多一分练达。为自己的过错承担责任，孩子在面向广阔的人生天地时，才能赢得别人的信赖，并会有所成就。

增强孩子的羞耻心

家长常常抱怨自己的孩子对于新买的玩具不懂得爱惜，到处乱抛，新鲜劲一过，又吵着买新玩具；不懂得尊敬长辈，没大没小，好东西抢着自己先享受等。

我们是否想过孩子的这些行为习惯是怎么形成的？作为孩子第一任老师的父母有没有责任？成人在生活中有没有奢侈浪费的行为？父母对老人是否尊敬、是否尽了孝道？我们敢当着孩子的面说我们的言行是问心无愧的吗？如果一个孩子有很好的辨别是非的能力，知道什么是应该做的，什么是不应该做的，相信以上的行为他绝对不会出现。

有一个小男孩从小听妈妈给他讲古代的德育故事。他4岁的时候，有一次妈妈把他抱了出去，在路上看到有两个小朋友在吵架，这个4岁的小男孩很自然地拉拉妈妈的胳膊，对妈妈说："这个小朋友，不可以乱骂人、乱打人。"一个4岁的孩子，没有任何为人处世的经验，他怎么这样果断地做出自己的结论呢？说到根本处：妈妈平时教给他的是什么，他自然就会懂得。这样的孩子相信长大之后也不会在人生的路上走偏，因为他在幼年时代就已经树立了明确的是非观和荣辱观。

父母与子女朝夕相处，父母的一言一行、一举一动都会在孩子的心灵深处埋下种子，对孩子的未来产生重大而深远的影响。孩子的思想观念、政治信仰、行为习惯、兴趣爱好都会或多或少带上家庭的烙印。"孩子是父母的影子"这句话不无道理。历来出身书香门第的孩子自幼就养成勤奋好学的习惯；武术高手的子女自幼就能学一身高超的武艺，就是两个例证。相反，一个家长自己就有酗酒、赌博、小偷小摸、不讲社会公德等恶习，也很难培养出子女的良好习惯和高尚情操。

通过榜样的树立，孩子有赖以学习和模仿的对象。在确立榜样时应该注意以下几点。

1. 树立生动具体的形象

因为生动具体的形象在整个孩子性格培养工作上的作用是

十分重要的。列宁是伟大的无产阶级革命家。一位学生参观过列宁的故居后谈到，只有当我在高尔克看到列宁的故居时，我才知道真正的朴素是个什么样子：在他房里只有一张普通的饭桌，桌上摆着一个稍显陈旧的茶杯，挂衣架上挂着一件普通的制服。无疑，这对这位学生今后形成朴素的性格特征有重要的意义。

2. 让孩子以身边的、同龄的人为榜样

这样可以减少孩子与榜样之间的距离感，便于学习。比如，现在有一些小学生缺乏勤俭节约的品质，他们根本不理会父母挣钱的艰辛，花起钱来大手大脚，请客，下馆子，追求穿名牌，骑好车……针对这种问题可以让他们了解全国十佳少先队员杜瑶瑶的事迹，学习她是如何勤俭节约的。

杜瑶瑶的父亲去世后，母亲也病倒了。她每个月只有100元左右的生活费维持母女两个人的生活，一分钱也要掂量着花。由于经常到菜市场去买菜，她对菜价很清楚，并了解到菜价在傍晚最便宜。所以，她傍晚去买菜，多走几家市场，哪家便宜就买哪家的，绝不多花一分钱。

母亲吃剩下的菜她从不扔掉，而是用热水烫一烫后自己吃。母亲食欲不好，剩下的馒头渣一块一块的，别人都劝她扔掉，瑶瑶却舍不得，哪怕一点点。她说："生活让我懂得了什么叫来之不易，今后日子不管多富，我也要永远把省吃俭用的好习惯保持下去。"

孩子年龄小，是非判断标准还很模糊，他们主要是按自己喜爱和厌恶的情绪来判断人和事的是与非。家长在生活中要耐心地正面诱导、纠正，使孩子通过成人对其行为、言语的评价，逐步认识到自己行为的对错，提高分辨是非的能力。例如，孩子听见某些人说了脏话，于是就跟着学，这时父母需要解释清楚，这句话是骂人的话，不好听，不文明，不要学说等。这样屡经教导，孩子便不致因从众心理而仿学不良行为，进而形成良好的个性品质。

培养孩子成为自己的英雄

细心的家长都会发现："奥特曼"是孩子们特别是男孩心目中的英雄，他为了世界和平同怪兽作战，拯救了人类一次又一次。很多孩子喜欢奥特曼到了入迷的地步。他们会让家长给他们买奥特曼的图书、奥特曼的光盘、奥特曼的模型；他们还常常模仿奥特曼的语言和动作；有时，他们还会发扬"奥特曼精神"，和马路旁欺负小花狗的大狗做斗争……

从孩子们对奥特曼的崇拜，我们可以看出男孩的英雄主义情结。每个男孩的内心都想成为英雄或身披闪亮盔甲的武士。因此，我们发现，打群架的多是男孩，为朋友两肋插刀的也大多是男孩，他们做事莽撞，喜欢什么事情都一马当先。这是男孩一种本能的反应。正像大部分男性都是足球迷一样，在他们眼中，那不是绿茵场，而是一次战争、一次搏杀，他们喜欢研究战略战术，欣赏球技，喜欢球星，天性中好斗的成分决定了男人是天生的球迷。

从发展心理学的角度看，儿童的战争观念和成人的战争观念不同，前者是一种游戏行为，而不是成年人心目中的道德行为。美国心理学家丹尼鲁·庞斯认为：儿童之间的"战争"游戏应该说是正常的，有助于儿童建立社会正义感。

可是，他们还处于人生观的形成阶段，容易把英雄主义和暴力主义相混淆，这时候就需要我们家长的帮助了。

我们家长应该怎样帮助孩子区分暴力主义和英雄主义呢？

方法一：满足孩子当英雄的心理；

方法二：让孩子知道什么是真正的英雄；

方法三：利用孩子心目中的英雄改正孩子的缺点。

具体来说，我们应该这么做：

第一，让孩子知道，英雄主义不是暴力主义。要让他明白这个道理，爸爸自己本身首先要做到从不使用暴力，不要向孩子灌输什么"以暴制暴"的观念。生活中，常有一些家长告诫孩子：在外面受人欺负时，一定要懂得还击，使劲打，往狠里打，打坏了，流血了，有大人呢！只要在外面不受欺负就行。这样的训诫古往今来屡见不鲜。然而，这样一来，暴力思想就从小在孩子的心中扎根了。

第二，要让孩子认识到暴力不是勇敢，要告诉孩子，爸爸不用暴力手段反击某人并不是因为怯懦，而是因为暴力并不能真正解决问题，并让孩子预见使用暴力可能造成的严重后果。可以让孩子想象，今天因为被小朋友打了一下，明天就一定要爸爸去帮着打还他，那么后天呢？

第三，应该告诉孩子一些正确的解决问题的途径。男孩子一般很不喜欢使用"告诉老师"这类有点女性化的方式，那么可以教孩子一些"男人之间的方式"，比如用眼神来瞪住对方，或者用正义的言语来说服对方等，要让孩子信服只有采用文明的手段才能让矛盾真正得到完美的解决。

我们很难给领导能力下定义，灵活的头脑、果断的思维、英明的远见、宏伟的抱负等都是良好的素质。领导能力，不只是现任的领导者应具备的能力，也是每个将来需要进入社会工作的人都应当具备的能力。现代社会生活有越来越多的群体活动和团队项目，在这个过程中，每个人都可以学习并检验自己领会新事物、驾驭人际关系的能力。掌握一些领导技巧可以为走入社会做好准备，为事业的成功赢得时机。

拿破仑说："不想当将军的士兵不是好士兵。"

没有天生的领导者，只有后天造就出来的领导者。从进入人类社会以来，具备领导能力的人就一直受益匪浅。父母如果在孩子小的时候就开始有意识地培养其领导才能，并且让他主动地在平常生活中表现出来，那么会大大增加孩子将来成功的可能。

因此，作为现代的父母要培养孩子具有领导的品质。我们给父母的建议如下。

1. 教孩子正确评价自我

曾子曰："吾日三省吾身。"贤人尚且如此，杰出的领导也是在不断地自我剖析、不断地自我否认、不断地自我肯定中成长起来的。因此，家长应该引导孩子在日常生活中正确地认识自己，塑造健康良好的自我形象，接受自我，肯定自我，找出不足，更快地进步。

2. 培养孩子灵活应变的处事能力

"君子修德求仁，有道有节"，要求人们遵守一些道德规律，但是这并不是说只会迂腐地死心塌地遵守各种有关的仁德教条，而是要对虚伪假冒勇于质疑，要懂得因时因势而变，灵活地实现某种理想和目标。家长教育孩子的时候要懂得让孩子从实际出发，把学到的经验运用到生活中，灵活地处理应急事件。

3. 培养孩子积极向他人学习的品质

子曰："见贤思齐焉，见不贤而内自省也。"在生活中，有一些人对比自己能力强的人所持的心态是妒忌，而对比自己水平差的人加以鄙视和嘲笑。而那些具有领导才能的人总是会向比自己强的人虚心学习，使自己尽快达到对方的水平；见了有缺点的人，则会对照对方来反观自己，看看自己是不是也有这方面不良的现象，有则改之，无则加勉，这才是能够切实提高自己修养的有效途径。

告诉孩子可以玩，但作业必须完成

暑假已经过了一半，唐信的作业还没有开始着手完成，每天早晨起来就开始看电视，直到中午才关掉电视。中午吃完饭，刚想学习，又想起来有本好看的漫画书还没看，要不就是想天气那么好，还是去游泳吧。虽然他也觉得这样做不好，但就是忍不住。等到看日历牌的时候才发现，暑假已经过了一半了。

谁不喜欢玩呢？玩，是生活的一部分，尤其对男孩子而言，他们能在玩乐中学到很多东西。但是玩要适可而止，不能因为玩耗去了大好时光。

……洗手的时候，日子从水盆里过去；吃饭的时候，日子从饭碗里过去；默默时，便从凝然的双眼前过去。我觉察他去的匆匆了，伸出手遮挽时，他又从遮挽着的手边过去。天黑时，我躺在床上，他便伶伶俐俐地从我身上跨过，从我脚边飞去了。等我睁开眼和太阳再见，这算又溜走了一日。我掩着面叹息。但是新来的日子的影儿又开始在叹息里闪过了。

时光的流逝在朱自清先生的笔下显得残酷而又真实。莎士比亚说过："在时间的大钟上，只有两个字——现在。"昨天唤不回来，明天还不确定，一个人能拥有、把握的就是今天的时间。如果为了玩而虚度今天，就是毁了昔日成果，丢了来日前程。

古今中外，凡事业有成者，都是十分珍惜和善于驾驭时间的人。他们不但不会让时光虚度，还会想方设法节省时间。

杰克·伦敦从来都不愿让时间白白地从他眼皮底下溜过去，睡觉前，他默念着贴在床头的小纸条；第二天早晨一觉醒来，他一边穿衣，一边读着墙上的小纸条；刮脸时，镜子上的小纸条为他提供了方便；在踱步、休息时，他可以到处找到启发创作灵感的语汇和资料。不仅在家里是这样，外出的时候，杰克·伦敦也不轻易放过闲暇的一分一秒。出门前，他早已把小纸条装在衣袋里，以便随时都可以掏出来看一看、想一想。

鲁迅先生说过："我把别人喝咖啡的时间都用到读书和学习上。"他几十年如一日，从不浪费一分一秒，为后人留下了七百多万字的著作。就在重病缠身的日子里，他还抓紧时间工作和学习，在逝世的前一天，还写了他最后的一篇作品《因太炎先生而想起的二三事》，真是惜时到了生命的最后一息。

为孩子讲一讲这些故事，孩子一定深有感触。告诉孩子，看电视、玩游戏这些事虽然充满了趣味，毕竟不是生命中重要的事情。游戏能给生活带来暂时的快乐，但要让生活充实、总有幸福的感觉，还应夯实知识，奠定高品质生命的基础。

不过，即使孩子懂得了这些道理，真正实施起来还是很难的。孩子活泼好动，自制力有限，这时候就需要家长帮助孩子了。可以在玩之前与孩子做个约定，比如"看电视只看1小时，要自觉看时间。如果到点了还舍不得关电视，妈妈叫你好吗？"在家长的协助下，加上孩子自我管理的意识，收住孩子的"玩心"并不难。

调整好你对孩子的"期望值"

"期望值"也叫期望概率，是指一个人对实现某一目标概率的估计。一个目标确定可以实现时，期望概率为最大即为1；一个目标绝对实现不了时，期望概率为最小即为0。可见，期望值是人们对实现目标可能性的一种主观估计，这主要依据的是过去的经验。因此，若想获得相对可靠的期望值，需要对过去的经验有一个清醒而客观的认识。对于父母来说，对孩子的期望值就需建立在对孩子客观准确认识的基础上，对孩子的期望值不能过高，过高会给孩子过大的压力，让孩子觉得目标遥不可及，打击孩子的积极性；相反，过低的期望值则会让孩子产生懈怠。

有心理学家曾做过这样一个有趣的实验：他将一群学生随机分为两组，让他们摘悬在空中的苹果。但是两个小组苹果悬挂的高度各不相同，第一组的苹果挂得相对较高，即使他们跳起来也难以摘到；第二组的苹果挂得不是很高，只要他们跳起来就能够摘到，但在后面，苹果的高度会逐渐地提高。

心理学家认为，在这个实验里，苹果对于两组学生的诱惑力是相同的。

实验刚开始的时候，两组学生都十分兴奋，不断地跳跃去摘苹果，但由于第一组的苹果挂得太高，他们根本就摘不到，而第二组的学生不仅摘到了苹果，而且他们的跳跃能力也有了一定的提升。

之后，心理学家又让两组学生摘相同高度的苹果，结果令人吃惊：第一组的学生都表现得懒洋洋的，他们当中的许多人都是走过场似的应付一下；第二组的学生则表现得充满活力，他们不断地跳跃，跳跃的平均高度明显高于第一组。

心理学家由此得出结论：当我们在制定目标时，这个目标最好是在我们"跳一跳"就能达到的高度；不顾自身条件，把目标定得过高，反而会挫伤我们的积极性，对目标的实现极为不利。

这个实验启示我们，对孩子的"期望值"也要合理，在给孩子制定学习目标的时候既不能过高，也不能过低，制定一个他们"跳起来"能够达到的目标最好。这样，孩子学习的时候也有动力。

生活中，很多父母之所以对孩子提出不合理的期望，主要是因为对孩子过去的经历不太了解，或了解得不够到位。"如果你了解了过去的我，就会原谅现在的我"，这句话也适合那些不了解自己孩子的父母，如果你真正地了解了你的孩子，根据孩子过去的经历和现状，你就会对孩子提出合理的期望。

如果家长对孩子的期望值超过了孩子身心发展的内在规律，就会严重影响孩子的性格、社会适应能力的发展以及身心健康。在高期望值的驱使下，家长评价孩子好坏的标准会严重失衡。很多家长对孩子在学习方面的期望值远远超过了孩子的承受能力，这十分不利于孩子的健康成长。在学习方面，父母要根据孩子既往的成绩对孩子提出合理的期望值，我们不能要求一个平时考 20 名左右的孩子在一学期之后考进前三名。只有合理的期望值，才有利于孩子的健康成长。

帮孩子树立一个切合实际的目标

"请你告诉我，我该走哪条路？"爱丽丝说。

"那要看你想去哪里。"猫说。

"去哪儿无所谓。"爱丽丝说。

"那么走哪条路也就无所谓了。"猫说。

——摘自刘易斯·卡罗尔的《爱丽丝漫游奇境记》

这段对话充满了智慧，对于一个没有目标的人，人生怎么样度过都是无所谓的。所以，若想让人生过得有价值，选定一个实现自己价值的目标是必不可少的。成功学专家拿破仑·希尔说，凡是成功卓越的人，一定都有一个明确的目标，因为目标能帮助他运用自己的智慧朝着既定的方向全力以赴。

选择目标固然重要，目标切合实际则更重要。不合实际的目标就像是表盘错误的导航仪，一定不会给我们指出正确的方向。

晓晓是一个学习超级刻苦的孩子，可无论晓晓怎么努力，数学成绩一直上不去。每一次考试后，晓晓的语文都是九十多分，而数学总在及格的边缘挣扎。对此，老师和父母都很着急。

　　新学期开学之后，班主任让同学们制定自己的学习目标，晓晓的目标是这样的：期中考试的时候，语文考到 95 分，数学考到 90 分，英语 95 分，争取在六年级的时候考进实验班。

　　自从制定学习目标之后，晓晓学习更加努力了，课间休息的时间都被她用来演算数学题，晚上睡觉前，还会将课本再温习一遍。可以说，晓晓把所有的课外时间都用在了学习数学上。

　　很快就到了期中，晓晓也做好了应考的准备。当成绩出来之后，晓晓傻眼了，数学只有 71 分，而语文和英语成绩也下降了，分别是 88 分和 85 分。看着眼前"惨不忍睹"的试卷，晓晓想到自己辛辛苦苦地学习了半个学期，却换来了这样的结果，眼泪再也忍不住了。

　　晓晓受到了打击，学习兴趣锐减，不再像以前那样啃书本了，作业也是敷衍了事，上课的时候经常走神。班主任老师很快发现了晓晓的异常，于是找她谈心。经过仔细询问，班主任知道了问题的症结所在。他首先肯定了晓晓在数学学习方面的进步。同时告诉晓晓，她的目标制定得并不合理，学习是循序渐进的，没有人能够一口吃成大胖子。

　　经过老师的开导，晓晓又恢复了信心，她制定了一个切合实际的目标——每次考试数学成绩都进步 5 分。

就这样晓晓一步步地努力，经过一年，数学成绩真的就提到了九十多分，也顺理成章地考进了实验班。

晓晓起初要求自己的数学成绩从刚及格一下子考到九十分，就是制定的目标太高了，所以她虽然取得了进步却也因为目标没有实现而郁郁寡欢。在老师的指导下，她制定了一个切合实际的目标，将进实验班的想法分步付诸行动，最终实现了自己的目标。

知识的积累是一个过程，父母帮孩子制定的目标太高会给孩子造成很大的压力，当孩子非常努力还是无法取得好成绩时就会打击孩子的积极性，因此切实可行的目标很重要。

俄国著名的大文豪列夫·托尔斯泰年轻的时候不学无术，有邻居说："他是一个什么也不想干，什么也做不好的家伙。"经过一段时间的挥霍以后，列夫·托尔斯泰开始认真地思考人生。

他下定决心好好读书。他给自己规定每天要读 8 本书，于是不得不整天埋头书海，有时候甚至顾不上吃饭。终于有一天他生病了，住进了医院。

"你为什么不制订一个合理的计划呢？你的计划已经严重超出了你身体的负荷。"医生说道。

"我只是觉得我已经浪费了很多时光，所以要加倍努力。"

"可是，你现在这样更加浪费光阴，你应该给自己制定一个合理的目标。"

从医院出来的列夫·托尔斯泰听从了医生的建议，给自己树立了一个合理的目标——将原来的 8 本书改为 2 本书。

第五章

亲子关系影响孩子的抗压能力

给孩子打一剂不完美的预防针

一天，妈妈和圆圆正在大街上走，忽然一个年轻的小伙子从她们身旁匆匆忙忙地走过去了，而就在他走过她们身边的时候，他屁股后面口袋里掉出一个钱包来，正好掉在妈妈和圆圆面前。那个人似乎一点都没发现，一直往前走。妈妈和圆圆赶紧大声喊叫他，但他似乎根本没听见。这时候，圆圆下意识地要伸手去捡那个钱包，但妈妈一下子拉住了她。钱包看起来厚厚的，似乎装着很多钱。妈妈觉得事情不太对，她们喊叫的声音很大，但那个人似乎没听见。没办法，妈妈只好拉着圆圆赶上前面的人，对他说："你的钱包掉在后面了！"只见那个人狠狠地看了她们一眼，捡起钱包很不高兴地走了。这让圆圆惊奇极了，为什么他连一句谢谢都不说呢！这时候，妈妈告诉圆圆："这是个骗子，他想让我们捡起钱包，然后他就敲诈我们一笔钱。这就和你在电视上看到的那些骗子骗人的手法是一样的，以后可千万要小心啊。"圆圆听了，懂事地点了点头。从那以后，圆圆就对骗子有了初步的认识，出门在外的时候也知道看好自己的东西了。

社会是不完美的，世界是不完美的，人是不完美的。要想让自己的孩子从小就拥有正确的价值观和处事观，让孩子认识到社会的不完美和人性的弱点是很有必要的，这一方面可以增强孩子的心理承受力，让其在以后的生活中面对不好的现象可以承受；另一方面也有助于孩子的自我保护意识建立，让孩子有意识地学会自我保护，出门在外要小心谨慎。

不过，现实生活中，很多父母却很避讳跟孩子讲世界的不完美。因为希望孩子可以极大地拥有快乐，家长下意识地将生活中那些不好和阴暗的一面从孩子的视线中移开是可以理解的。但家长也应该知道，生活和社会中有些问题是无法避免的，如果在孩子面前处理不好这些问题，极有可能使孩子因不堪重负而患上心理疾病（如抑郁症），甚至造成性格缺陷。如果一个孩子看到的所有事情都是好事，他对世界的整个认知是完美的，那么一旦有一天他身边发生了不完美的事，他就会承受不了，严重时甚至做出极端行为。孩子也是一个独立的个体，虽然年龄很小，但他们也有自己的思考力和辨别力，只要父母正确客观地给他讲解事件的本质，孩子是可以理解的。

家长可以以一种认真严肃的态度来给孩子讲解现实中无法避免的不好现象，就像故事中的妈妈给孩子讲解骗子的骗术一样。例如，自然灾难是人类无法避免的一个"坏事"，对此，家长可以有意识地、适当地让孩子接触一些灾难的画面，不过一定要陪孩子一起观看，看的时候根据画面来给孩子讲解说明。在这个过程中，家长要随时观察孩子的情绪变化，耐心让孩子提出他的疑问，然后以平和的方式跟孩子探讨并且教孩子在危急时刻应该怎样应付。社会阴暗面也是该让孩子知道的一个方面。家长可以有意识地让孩子观看一些法制节目，针对里面的盗窃、行骗、贪污等犯罪现象给孩子讲解相关知识和现实情况。例如，看到贪污的案例，家长就可以先问孩子："你觉得贪污对不对啊？这个人应不应该拿别人的钱呢？"在孩子回答之后再给孩子讲解，并教给孩子正确的法治观念。

此外，针对故事书中或者电视节目中出现的一些"人性的弱点"或者由于心理疾病导致的犯罪现象，家长也可以以正确的思路给孩子讲解，树立孩子正确的价值观和社会准则意识。此外，家长在生活中，也要有意识地保证自己的行为准则符合正确的标准和法律，给孩子做好榜样，这样孩子才更容易形成良好的道德品行。

别怕劳动会累着孩子

有诗云："樱桃好吃树难栽，不下苦功花不开。"只有付出相应的劳动和汗水才能获得美好的东西。当一个人明白这些东西来之不易的时候，他才会更加珍惜，才能体验到快乐和幸福。

劳动不仅能够造就一个人，而且能够给人以快乐和幸福。从20世纪40年代开始，哈佛大学对波士顿的456名男孩子进行了跟踪调查，了解他们的生活经历和成长过程。在这些孩子进入中年的时候，研究人员对他们的生活进行了分析，结果发现，不管这些人的智力、家境、种族或受教育的程度如何，也不管他们遇到多少困难和挫折，从小参加劳动和工作的人，即使只在家里做一些简单的家务，也会生活得比没有劳动经验的人更充实更美满。

这表明，劳动能使孩子获得能力，从而走向生活上的独立。因此，父母要重视培养孩子劳动的习惯。

那么，父母应该怎样培养孩子劳动的习惯呢？

1. 父母要重视劳动教育

孩子不爱劳动与家庭教育有着极大的关系，许多父母心疼孩子，怕孩子吃苦受累，因此往往不让孩子劳动；有些父母则怕孩子干不好，不如自己干来得省时省事；有些父母认为孩子学业重，功课多，不想占用孩子的宝贵时间；有些父母则认为孩子的首要任务是学习，劳动作为一种技能以后自然会做的，用不着父母教育。这些都会导致孩子逐渐失去劳动意识，养成不爱劳动的坏习惯。

教育家苏霍姆林斯基说过："一个大约 5 岁的孩子栽的玫瑰开出了美丽的花，他会十分惊讶地观看花儿，而且还会观察自己本身：'难道这是我靠劳动创造的吗？'像这样，孩子在慢慢地体验无与伦比的劳动乐趣的同时，还可以增进对自己的认识。"

要培养孩子热爱劳动的习惯，父母首先要重视对孩子进行劳动教育，平时不要溺爱孩子，应该让孩子做一些力所能及的事情。同时以社会生活实际、社会发展历史和家庭生活实例等告诉孩子劳动的重要性，让孩子从思想上认识到劳动的光荣，劳动的伟大，不爱劳动的人是没有出息的。

2. 教给孩子一些劳动技能

劳动也需要一定的技能，干什么活都有一定的方法，这就要求父母教给孩子一些劳动的程序、劳动的操作要领及技巧。

例如，父母要求孩子做饭，就应该告诉孩子做饭的程序，放多少水，煮多长时间等。父母要注意示范，教会孩子劳动程序。孩子只有掌握了劳动的技能，才会愿意去做。

做任何事情都需要一个学习的过程，父母应该耐心地教孩子去做，在孩子遇到困难的时候，千万不要简单地对孩子说："你自己想办法吧！"或者把孩子搁一边不管他，或者严厉地责怪孩子无能，这样会让孩子感到自己没有本事，从而产生厌倦的情绪。

因此，在孩子的劳动过程中给予指导，给予鼓励，培养孩子的劳动技能是比较重要的。在孩子取得进步的时候，哪怕这个进步是非常微小的，父母也要鼓励孩子，让孩子从劳动中体验到快乐和幸福。

3. 注重实践锻炼

对孩子进行劳动教育，不能只限于口头，而应该通过劳动实践来进行。如果父母在平常没有让孩子参加具体的劳动，那么，孩子是不太可能爱好劳动的。

冬冬在家里从来不做家务，在学校里也总是躲避大扫除等集体劳动。老师把这个问题反映给了父母，父母意识到自己平常忽视了孩子的劳动实践，于是想方设法要让孩子改变这种不爱劳动的习惯。

暑假的时候，父母带冬冬参加一个野外生存训练的夏令营活动。父亲发现冬冬非常喜欢这种活动。

第二次，父母又带他去野营。但是，父母在野营中却不再照顾他，什么事情都让他自己来。平日不爱劳动的冬冬，在这次野营活动中尝尽了苦头。这时候，他才意识到，自己的生活自理能力和劳动能力太弱了。

回家后，冬冬主动要求父母让他多做一些家务，这正中父母下怀。经过一段时间的劳动实践，冬冬对劳动已经不再厌恶，反而产生了热爱。

由此可见，父母一定要注重让孩子参加劳动实践，不要过于心疼孩子。可以让孩子学着收拾饭桌、洗碗，而不要担心孩子可能会把碗打碎。与孩子的劳动精神相比，打碎一只碗又算得了什么呢？诸如洗衣服、拖地、倒垃圾、购买日常生活用品、修理一些旧东西、整理房间等家务劳动都可以要求孩子去做。

在安排孩子劳动实践时，父母应注意搭配孩子的自我服务劳动和家务劳动，让孩子所做的家务按星期轮流替换。让孩子懂得，作为家庭的一个成员，他不仅要做到自己的事情自己干，而且应该帮助父母做一些力所能及的事情。

父母可以这样对孩子说："把这个交给你，相信你一定会做得很好的。"父母还应该注意，当学校、社区安排公益劳动时，应带领孩子参加，让孩子体验集体劳动的乐趣。

当孩子已经掌握一定的家务技能时，可以试着让他做一周的家长，比如由他决定做什么饭菜、负责采购等，当然父母也应接受他的决定。这样孩子才能真正体会父母平日的辛苦，才能对家庭生活有更深刻的体会，从而更加热爱劳动。

4.尊重孩子的劳动

孩子爱劳动的习惯，需要父母进行一定的强化，但是，父母必须注意不要单纯地把孩子当作劳动力来使唤，不要把劳动当作惩罚孩子的手段，也不要过分用物质或金钱来强化孩子的劳动，而是应该通过表扬、鼓励等方法来强化，让孩子觉得自己有责任有义务做家务。

父母在孩子劳动的过程中应多做具体的指导，多鼓励孩子，尊重孩子的劳动果实，这样会让孩子从劳动中获得快乐，从而有效强化孩子爱劳动的习惯。

让孩子做家务，毕竟会占用他玩的时间，孩子往往会不太情愿。为了让孩子更加乐于做家务劳动，父母千万不要在孩子正兴高采烈或聚精会神地做某件事时让孩子做家务，以免孩子对劳动产生抵抗情绪。

5.运用方法"强迫"孩子劳动

当孩子不愿意劳动时，父母绝不能姑息迁就，一定要想办法让孩子参加劳动。

美国有一位妈妈，她的孩子们终日只知道看电视、玩游戏，就是不肯干家务，甚至连做功课也提不起劲，每天需要爸爸妈妈不断地呵斥才会勉强去做。终于有一天，这位妈妈决定治治这些孩子。

那天，孩子们发现，妈妈在门前竖了一个牌子，上面写着"妈妈罢工"字样，孩子们觉得很奇怪，于是去问妈妈怎么回事。妈妈说："我每天要工作，还要给你们做饭、洗衣服，但是你们并不觉得妈妈做的这些事很重要，从不肯帮助妈妈来做，甚至自己的功课都要妈妈来催，妈妈觉得很累。从今天开始，妈妈要罢工了，我不再为你们做家务活了，你们自己的衣服自己洗，自己要吃什么都自己去做吧！"

妈妈说到做到，真的不再为孩子们做家务。这时，孩子们才发现，劳动是多么的重要。妈妈终于让孩子们明白，他们除了看电视外，还有很多事情要做。从此，孩子们逐渐懂得用脑子想事情，并且开始看书、做作业和做家务活。

父母应该明白，孩子们必须劳动，不管他愿不愿意，一个不会劳动的人，会不断自我萎缩直到失去自我，这样的孩子将来是不会幸福的。

鼓励孩子遇到困难自己想办法解决

联联已经是四年级的学生了，他生性活泼热情，对什么事情都想试试。可他从小就有个毛病，一遇到困难就灰心丧气，失去继续探索的信心。他4岁时，做了一架飞机模型，可老是飞不上天，他气得把飞机模型扔在地上，用脚踩坏，从此再也不做飞机模型了。一年级时，爸爸教他学游泳，可他到现在还没学会，原来，有一次他呛了几口水，难过了好几天，从此他再也不学游泳了。在学习上，联联也是这样，一遇到难题就退缩了，不会做的题目从来不动脑筋思考，而是等着第二天去抄别人的。

一次，老师布置一道挺麻烦挺难做的数学题，第二天要在早自习课上收起来带回办公室批改。联联不会，便想了个办法，拿钱到商店去买东西，他把这道题出给售货员阿姨计算，结果售货员阿姨很快算出来了，他照数付了款，回家把得数填在了作业本上。虽然耍了一个小聪明，但没有算式只有结果还是被老师发现了。

在生活中，困难和挫折是不可避免的，一些孩子灰心丧气是由于他们做不成喜欢做的事，在挫折面前产生了畏惧心理，丧失了克服困难的信心。心理学家认为：丧失信心的理由有千万条，但根本的原因只有一条，那就是学不会、做不好或觉得自己做不好。一旦做不好，信心就会丧失，倦怠、懒惰的情绪也随之产生，造成学不会—没信心—没兴趣—更学不会的恶性循环。

孩子之所以会一遇挫折就灰心丧气、自暴自弃，其根本原因还是在于教育方式。许多家长认为孩子还小，不能让他累着，事事都包办代替，孩子从小养成了衣来伸手、饭来张口的习惯。每当遇到一点点困难，孩子就会叫父母或者爷爷奶奶帮忙，从小就养成了依赖、懒惰的思想。

畏难是人的心理的一种消极的心理体验。不光孩子有，许多成人也有。如果家长是一遇到困难就退缩的人，孩子在父母的耳濡目染下，也会学到一遇挫折就自暴自弃消极等待的态度。因此要想孩子具有不怕困难的精神、顽强的毅力，家长首先要以身作则，遇到问题不推诿、不退缩。

畏难心理也是孩子缺乏自信心的表现。有的家长在对孩子进行教育时，不是恰当地根据孩子的能力来提要求，对孩子的期望值过高，这样孩子往往达不到要求。这时，如果家长不问青红皂白横加指责的话，孩子就会感到自己很无能，丧失信心，以后一遇到困难挫折也不动脑筋，心想自己反正不行，想也没用。

父母要从自己做起，给孩子树立不屈不挠、勇敢顽强的榜样。不要让孩子做他无能为力的事情，经常让孩子获得成功的体验，这样有助于孩子树立自信心。不要过分保护和溺爱孩子，不要当孩子一遇到困难就给他帮助，而应该鼓励他自己想办法解决。和孩子一起分析困难到底在哪里，以便找出化解困难的办法。要通过真实事例让孩子知道，在困难挫折面前唉声叹气并不会降低困难、减少失败，灰心丧气只会增加自己的痛苦。给孩子讲一些名人不怕困难、不怕失败，最终做出重大贡献的例子。在孩子遇到挫折时，要鼓励孩子树立信心，不灰心丧气，勇敢面对困难。当孩子通过自己的努力，尝到成功的喜悦后，孩子克服困难的信心就会增加。家长应注意帮助孩子吸取经验教训，让孩子在每次遇到困难后，总结一下困难的类型和克服困难的方法，以后遇到同样的问题就会顺利解决了。优良的意志品质是实现目的、事业成功的根本保证，因此培养孩子良好的意志品质就显得非常重要，这需要从生活的一点一滴做起，如：孩子摔倒了不要立即心痛地去扶他，而要让他自己爬起来。家长要让孩子了解，人生道路上人人都会遇到困难，困难本身并不可怕，可怕的是丧失了克服困难的勇气和信心，应该以坚强的意志去面对生活中遇到的各种挫折。

世上没有唾手可得的成功，只有在挫折中不断进取才能摘取成功的桂冠。孩子成长过程中始终一帆风顺的情况是没有的，总会遇到些障碍，受到各种挫折，孩子耐挫力的大小直接关系到他对社会适应的成败。父母要重视培养孩子的耐挫力，铸就他们百折不挠的意志力，告诉孩子怎样面对挫折是我们培养孩子抗挫力的重要环节。

在孩子不同的年龄阶段，我们可以建立适应孩子的不同的耐挫目标。一个 5 岁男孩的父亲说，在孩子还是不满周岁的小婴儿时，他们就刻意在每日精心照料之外，留出一定时间让孩子自己玩。这种既珍惜每天和父母玩的时间，又能专心自己玩，就是小婴儿的勇敢。这种养育中长大的婴儿，必定能够面对困难和挫折，而不会处处要父母领着、牵着、陪着。孩子 5 岁了，免不了磕磕碰碰，生灾害病，遇到这样的情况便视为培养孩子勇敢的机会，以坦然的态度告诉孩子，身体不舒服，心里难过是暂时的，药虽苦，打针虽痛但能帮你恢复健康。孩子接受了这个道理，总是表现得非常出色。

一个 6 岁男孩的母亲说，单位电脑考试，她因病没有复习考砸了，她把这件事告诉儿子，并保证努力赶上，一个月后这位母亲以优异的成绩通过了考核。身教重于言教，这会潜移默化地影响儿子。她还让孩子以自己为榜样，如让孩子参加游泳训练，指导他将不怕冷不怕累的经历记录下来，在打退堂鼓时，提醒他看看记录，向自己学习。

每个孩子都有长处和不足，父母应有客观的评价与合理的期望，鼓励孩子向恰当的发展目标努力。若只看到孩子的优点无视缺点，孩子会因对自身的不足缺乏认识而骄傲自满，不能接受挫折。若父母期望值过高，就会增加孩子的心理压力，使他们不敢面对挫折。"知己知彼，百战不殆"这句古语用在这里也很妥帖，知己就是要帮助孩子正确认识自己，了解自己的兴趣、能力、特长、性格以及希望自己成为怎样的人，未来的人生道路可能会在哪方面受挫等。知彼是帮助孩子认识环境、了解社会，如社会需要什么素质的人，现实中存在哪些不尽人意的事等，让孩子懂得做事要向高目标努力，但须做好承受最坏结果的思想准备。

能力不足的孩子，遇到困难无力应付，常常被挫折感压得垂头丧气。能力强的孩子善于解决问题，即便受了挫折，也能积极地寻求解决问题的方法。孩子的许多能力是在解决问题的过程中形成和发展的。父母过分照料孩子，就会造成轻而易举地放弃对孩子能力的培养。要求孩子为自己的生活服务，如洗自己的袜子、整理房间、倒垃圾、叠衣服等小事，因为这些小事正是培养他自立的能力和精神，是提高他应付挫折本领的一个重要途径。此外，在孩子遇到困难时，我们不能以决策者的身份越俎代庖，替他决定，而是当他的顾问，给他提建议，教他一些克服困难的方法，鼓励他有能力对自己的行为负责。告诉他挫折人人都会遇到，但挫折可以避免，可以战胜，挫折还能磨炼人吃一堑长一智。

一般而言，容易受挫的儿童往往表现出追求不切实际的目标，对追求目标过程中遇到的困难没有心理准备，能力不足，不会应付，缺乏自信，把困难当成不可逾越的障碍。可以说，抗挫力是对孩子终身发展都极为重要的心理素质。

消除孩子心中理所当然被爱的感受

相信大多数的家长都可以为孩子做出任何牺牲，且从不要求回报。但是如果家长表达爱的方式不对，就会让孩子们误认为父母为他所做的一切都是他理所应当该得到的。长此以往，孩子很容易变得以自我为中心，目中无人。

曾几何时，我们误信道听途说，总是觉得美国人对亲情很淡漠，就像电影《狐狸的故事》中演的一样，孩子在刚刚成年的时候就要像老狐狸驱逐小狐狸一样被父母逐出家门。我们似乎觉得美国的父母不懂得为孩子付出，不懂得疼爱孩子。但是美国人对此却不以为然，他们在孩子很小的时候就给孩子灌输这样的一个概念：只有靠自己的努力才能得到想要的东西。

　　有位爸爸来自富贵之家，从小接受过最好的教育，是美国较为有名的整形医生。他有 3 个孩子，现在都在各自的领域里独当一面。这位爸爸在美国看到了太多富家子弟因钱而彻底毁掉的例子，为了避免这种事情的发生，他在孩子们还很小时就给他们立下了规矩：可以帮家人剪草坪或者取报纸等换来一点零用钱，而作为家长，只为孩子提供接受最好教育的经费，仅此而已。如果孩子要旅游、要买车、要租房，都要通过自己的打工来实现。偶尔遇到特殊的情况，家长会借钱给孩子，同时要和孩子签合同，等到孩子有了能力之后要在第一时间偿还。

　　其实，他有足够的钱可以给孩子，但是一对有责任感的父母要教会孩子应该如何以正确的态度在社会上生存。

　　这样做的好处是让孩子真正体会到钱的来之不易，而且让孩子体会到自力更生的充实感。一个从小在温室里长大的孩子不会懂得生活的来之不易，也不会理解父母的辛劳，更不会理解父母的一片爱心，他们只是觉得这一切是理所当然的，有什么必要感恩呢？如果一个孩子是抱持着这样的想法，可以断定他也不懂得上进。到头来，父母的一片爱心换来的却是痛苦和悲伤。

　　当你让孩子明白父母到底都为他做了些什么，你就会感慨，了解事实后的孩子变得懂事了很多。

理智爱孩子，主动让孩子吃点苦

为了不忘过去最困难的日子，日本一家学校给孩子们做了"忆苦饭"，结果，孩子们面对当年大人吃过的糠菜号啕大哭，拒食3天。校方毫不动摇，第4天，孩子终于咽下了这顿忆苦饭。在日本的许多孤岛或森林里，人们常常可以看见日本小学生的身影。他们在无老师带领的情况下，面对陌生自然界，安营扎寨，寻觅野果，捡拾柴草，寻找水源，独立生存。一位孩子从荒岛归来后，感慨地对老师说："我以前以为我们享受的一切现代化设施都是本来就有的，荒岛的历险才使我明白，人生来两手空空，一切都是劳动创造的。过去老师讲劳动光荣，我们感到很空洞，如今才真正理解了这个词的含义。"

孩子们长大了早晚要离开父母去独自闯一片天地，与其让他们那时面对挫折惶惑无助，不如让他们从小摔摔打打，"穷"出应对人生的能力和本事。家长要做的就是要培养孩子这样一种适应一切压力的能力，让他变得积极进取、有主见、有雄心、理智、自我依靠，只有掌握了这一点，孩子才能掌握自己的人生，才能让他身边的人和他一起享有幸福。

现在的社会对于精英人士的要求越来越高了，任何人如果想站有一席之地，不得不面对激烈的竞争。所以，家长要从小培养孩子自立、坚强、进取的精神。

首先，要让孩子懂得自立。

告诉孩子，自己的事情要自己负责，在家里，孩子要自己独立打扫房间，清理自己的物品。在学习上，要养成独立思考的好习惯，这样的孩子能独立思考问题，能有主见，为以后的成功打下基础。

其次，家长可以帮助孩子设置一些生活中的障碍。

在生活中，家长可以设置一些挫折，让孩子来面对。可以鼓励孩子参加社会实践，比如卖报纸、参加夏令营等。

最后，家长可以与孩子一起吃苦。

现在很多家长由于工作繁忙，与孩子的沟通越来越少，造成了父母与孩子之间的代沟越来越大。弥补这个缺陷的最好方法，就是家长要尽可能多和孩子在一起。父母可以与孩子一起参加晨跑，参加体育运动，这样既可以增加与孩子沟通的机会，同时也可让孩子得到锻炼。

让孩子有意识地为自己负责

调查显示，许多企业在选择职工的时候，"责任"是他们考虑的首要原则，没有老板喜欢不负责任的员工。

父母也希望自己的孩子是一个负责的好孩子。可是，很多父母的所谓的负责，是让孩子在成长的过程中学会对他人负责，而忽略了对自己负责。

其实，要让孩子学会对自己负责，也不是一件很难的事情，专家给家长提出以下的建议。

首先，要逐渐培养孩子独立自主的意识。随着年龄的增长，孩子的独立自主意识会慢慢地显示出来，父母需要做的，就是尊重孩子的成长规律，不要给孩子太多保护，让孩子对父母太过依赖。

其次，当孩子犯了错误时，父母不要替孩子包揽过失，要让他自己去承担。每个孩子都会犯错，而犯错也是一个成长的契机，聪明的家长会利用这个机会，让孩子有意识地为自己负责。如果总是认为孩子还小，而大包大揽，孩子不但错失了成长的机会，可能还学会了推卸责任。

白杨很喜欢看《哈利·波特》，动不动就把家里的拖把骑来骑去。他已经弄坏了 3 把拖把了，这让他的妈妈很头疼。

有一天，他的妈妈语重心长地对他说："白杨，你已经弄坏了家里 3 把拖把了，你得为你的行为负责任。我决定以后再也不会批评你骑着拖把跑来跑去了，但是如果拖把被你弄坏了，我会直接从你的压岁钱里扣除买拖把的钱，知道吗？我想，你应该为你自己的行为负责。"

听了妈妈的话后，白杨便很少骑着拖把在屋里走来走去的了。

最后，培养孩子严格要求自己的意识。一个人能严格要求自己，是对自己负责的体现。在外界的压力下，很多人都可以表现优异，但需要自律的时候，可能就需要标准和约束。

阿娇是一个很可爱的孩子，同学们都很喜欢和她玩，老师也觉得阿娇表现很好，上课的时候总是端端正正地坐在那里，认真地听课。

可是，回到家中的阿娇却是另外一个样子，坐没有坐姿，站也没有站样。

"娇娇，为什么你可以在学校里表现那样好，连老师都夸你，可是回到家里，连个坐姿都没有？"妈妈问阿娇。

"学校的时候有老师监督，回家了老师又不监督我。"

"这样的想法可不对，就算没有老师监督，你自己也得严格要求自己！"

"为什么呀？"

"你想一下，如果你一直在家里坐没有坐姿，站没有站样的，久而久之，就会养成习惯，会影响你去学校以后的表现。还有，若看书写字姿势很不正确会严重伤害你的眼睛。即使你在学校里坐得端正，如果在家里看书写字都趴在桌子上，眼睛还是会近视的。你说对不对？"

"嗯，好像对。"

"那以后一定要严格要求自己，好吗？"

阿娇点了点头。

授权孩子完成最后的决定

在父母眼中没有长大的儿女，许多父母觉得自己的孩子还小，不管什么事情都会帮他做好决定，并认为这就是一种爱，其实不然。爱默生曾说："你要教你的孩子走路，但是，应由孩子自己去学走路。"把孩子看成是一个自立的人，使其能自行决定自己的行动，并且实施自己的决定，也是对孩子的一种爱。

谢军是享誉世界的国际象棋特级大师，曾获得多项世界冠军。很多人羡慕她的辉煌成就，但很少有人知道她能够取得这样的成就，完全是因为父母给了她自主的机会。

1982 年，12 岁的谢军小学即将毕业，但她却面临了两难境地：是升重点中学还是学棋，在这个分岔口谢军举棋不定。

小学 6 年中，谢军曾有 7 个学期被评为三好生，这样品学兼优的孩子谁见谁要，学校当然要保送她上重点中学。

但是，国际象棋的黑白格同样吸引着谢军和她的一家人。在这个节骨眼上，母亲的一席话给了谢军莫大的勇气，让年纪小小的她学会了自主，学会了对自己负责。

母亲叫来了谢军，用商量的语气说："谢军，抬起头来，看着我的眼睛。你很喜欢下棋，是不是？"

这是母亲对女儿选择道路的提问，从某种意义上讲，也是对女儿将来命运的提问。

家庭是和谐的，对孩子采取了认真商量的办法，充分尊重女儿的意见和选择。

谢军看着母亲的眼睛，坚定地说出七个字："我还是喜欢学棋。"

听到女儿的话后，母亲同意了她的选择，同时又严肃地说："很好，不过你要记住，下棋这条路是你自己选择的，既然你做出了这个重要的选择，今后你就应该负起一个棋手应有的责任。"

一个12岁的女孩很难理解这段话，但却理解了父母的良苦用心。

正是母亲的这段话，使谢军受益一辈子。假如当初没有这段话，或是父母包办决定女儿的前途，就不会有今天的谢军；也不会有中国这位国际象棋"皇后"。

孩子虽然还小，但总有一天要走向社会。现在不培养他自我判断、自主决定的能力，什么事情都由家长解决，一旦孩子离开父母，没有人为他做这一切，而他自己又没有这种能力，那时该去依靠谁呢？

这个故事对家庭教育有什么启发作用呢？作为父母又应该从中悟出些什么呢？其实，道理很简单，那就是在家庭教育中，父母要像故事中谢军的母亲一样，孩子的事情让他自己决定，父母只提出参考意见。当孩子自主取舍或选择事物，会激发肩负责任的自主性、积极性、独立性和自律性。

几乎没有父母是有意识地损伤孩子的自信心，或损伤他独立解决问题的能力的，但不幸的是，无意识的伤害却比比皆是。

我们要有意识地避免过分保护，给孩子机会让他独立决定自己的事情。当然，在培养孩子自己做主的能力时，也应注意以下几个方面。

第一，不要给孩子太多的选择，如"你想穿什么颜色的毛衣"，孩子可能会提出家中没有的东西，若父母不能顺从时，反而会使孩子对父母失去信任。而应该问："你想穿这件绿毛衣，还是那件红毛衣？"

第二，不能让孩子选择有害、不安全的事，因为孩子不知道什么有危险。例如，冬天一定要穿棉衣，这没有选择余地，必须执行，但可给些其他的选择："这棉衣由爸爸给你穿，还是妈妈帮你穿？"而不能说："要不要穿棉衣？"

第三，孩子做决定时，不要给其太大压力。如果孩子的决定不太合理、恰当，大人可给些提醒。如果孩子做决定后遇到挫折，产生了失败感，父母也要给予帮助。孩子做决定的机会不可太多，以免给他太大压力。

第四，根据孩子的愿望，运用大人的经验和知识，帮助孩子做一些决定。大人与小孩共同做出的决定，是帮助孩子做决定的好方式。

"要下雨了，在图书馆里避雨比在操场上好些"，这是大人帮助孩子做出选择。在判断正确与错误的选择时还可说"我们已答应某某去展览馆，不遵守诺言是错误的"之类，让孩子知道做决定就是要负责任。

要让孩子知道，只要尽力而为做出比较合适的决定就可以了，不一定要十全十美。但也不能随意做决定，要让他知道做决定的后果，从而不断学习，不断提高判断能力。

如果孩子坚持穿裙子去操场玩，结果不小心擦伤了皮肤，家长不应该说："瞧，我叫你穿裤子你不听。"而应说："你想一想，如果我们下次再来操场玩，该怎么保护好自己呢。"

随着孩子长大，经验增多，做决定的能力与技巧会渐渐提高。这时，父母要舍得对孩子放手，让孩子学着自己去生活，让他在实实在在的生活中找到自我。

让孩子适度面对生活的风雨

教育不是说出来的，是做出来的，实践出真知，实践是检验真理的唯一标准。只有亲身经历过，孩子才能从中获得切身的体会，使之真正成为自己的经验。

这就要求我们家长必须给孩子体验生活的空间。在体验教育上，一些家长对孩子过于关心，生怕孩子吃苦，他们愿意为孩子付出一切，但是他们没有意识到，自己体验后获得的记忆更为强烈，感受也更为深刻。让孩子自己去体验，是一种最见成效的教育方法。

孩子不但需要体验成功，更需要体验挫折。外国人常说："我们希望孩子有犯错的机会。""他小时候犯错不伤脾胃，长大再犯错那就麻烦了。"这也就是我们所提倡的挫折教育。

可以向中外母亲提出这样一个假设的问题：有一天傍晚，孩子回家时带着一身的泥污，腿上还剐了一些小伤口，当你得知从来不会踢球的孩子是因为在学校踢足球而弄脏了衣服，甚至受了皮肉之苦时，你会不会责怪你的孩子？

让我们感到遗憾的是：大多数的中国母亲的答案是"责怪"。责怪之后，还会因为怜爱而警告孩子，下次不许了。当然，孩子的脏衣服由妈妈代洗了。

但洋妈妈们却给出了完全不同的答案，她们会反问：为什么要责怪，应该鼓励孩子去尝试这个运动。至于搞脏了衣服、弄破了皮肉，没关系，我会教你如何清洗、如何上药，你自己去解决问题。

中国的家长是最爱孩子的，但又是最不会爱孩子的。传统的中国家教不太鼓励孩子去尝试他们从未做过的事情，尤其是当这种尝试很可能导致失败的时候，家长更不敢轻易让孩子去体验了。而如果孩子背着家长尝试了某件事情，最终没有成功，而且造成了一定身心损失时，家长往往会责怪孩子。事实上，这种情况在现在的中国家庭中还有很多。

这主要是由于绝大多数的父亲和母亲都曾走过许多弯路，因此希望孩子不走弯路不走曲线，两点一线，直接到达目的地。实际上，这种认识是片面的，许多经验的获取必须经过困难挫折，

166

孩子的成长一定要经过这条曲线，这是成长的必然。

父母的愿望不能代替事实。如今有不少学生受不得一点委屈，更难于身处逆境。曾有媒体采访了一所大学的部分学生，竟有超过半数的学生承认曾经有自杀的想法或冲动，多么严重的状况！

人们见到的是，许多学生受了点委屈便对父母、家人、朋友等大发雷霆，乃至疯狂发泄，导致杀死他人或者自己亲属甚至父母者已屡见报道；他们一旦身处逆境便悲观绝望，常常冲动地以自杀方式结束自己的生命，完全不顾父母的养育之恩。人们不禁要问：如今的孩子怎么了？何以变得如此脆弱？

有句俗话说，不撞南墙不回头，颇有惋惜意。其实，南墙就是用来撞的，南墙撞了，人便成长了。受一点点挫折，隔三岔五脆弱一下，就不至逼迫自己太甚，郁积过多负面情绪而产生轻生念头。若是为人父母，就应该允许孩子有失败和脆弱的时候。

有一位父亲有感于现实的触目惊心，从小便开始对自己的孩子进行挫折教育，诸如孩子跌倒了，哪怕鼻青脸肿也让他自己爬起来，决不去搀扶；孩子要出去玩，便讲好自己走，否则便立即回去，对哭闹乃至赖地打滚坚决不予理睬，甚至再踏上一只脚（当然是轻轻地）不让他起来；孩子想要的东西，他首先分清有无必要再决定是否满足，这样可从总体上控制，总会有一些要求遭到坚决拒绝，对孩子进行鼓励为主的教育的同时，也加入少量的惩罚教育。

上面这位父亲的做法倒不失一种切实可行的方法。试想，一个从小到大从没经历过哪怕最小挫折和些微风浪的人，如果在他以后的生活中突遇稍大一些的风浪，他能不惊慌失措、胡乱作为吗？挫折教育的实质就像是给孩子打的免疫预防针，用小的感染来激发其自身免疫功能的建立。

最近提倡的一种新型的教育方式——逆向关怀，其实就是挫折教育的一种形式。逆向关怀一词来源于美国阿拉斯加国家动物园的鹿苑里，鹿群因既不必为觅食而发愁，也不必为逃避敌害而穷于奔跑，因而很快就繁殖起来。然而在一度兴旺之后，病弱残疾者与日俱增，最后竟出现濒临绝种的危机。当地政府曾不惜斥巨资予以挽救，可惜一概无效。后来一位聪明的管理人员建议，把几只凶残的恶狼引进鹿苑，迫使鹿群为逃避狼害而重新拼命奔跑，留下来的鹿群体质日益健壮。后来，人们把这种奇特的动物保护方式称为"逆向关怀"。

如今的青少年也正需要逆向关怀。优裕的生活已经使很多孩子患上了现代懒惰症，消磨了孩子的意志，扼杀了他们的奋斗精神，长此以往，孩子岂不是坐失适应能力、生存能力，最后变成脆弱的一代。

美国洛克菲勒集团创始人老约翰曾对孩子说过这样一句意味深长的话："在生活的道路上，什么事情都会发生。"父母都应该细细品味一下这句话的深刻含义。

第六章

好的亲子关系让孩子更容易
处理人际关系

让孩子在游戏中充分感受社会

3岁的微微经常自己做游戏。她最爱玩的游戏就是每天模仿妈妈的日常活动：买菜、做饭、梳妆打扮、电话聊天、匆匆忙忙出门去上班等，甚至会边穿衣服边拿东西，嘴巴里还会忙不迭地喊着："来不及了！来不及了！宝贝再见！要乖……要听话……"

游戏占据了孩子的生活中的很大一部分。游戏是孩子最基本的活动，它是想象和现实生活的独特结合，是人的社会活动的初级形式。但是游戏并不是孩子的本能活动。孩子动作和语言发展后，渴望参加社会实践活动但是又缺乏相关经验和能力水平，在这种情况下，游戏就成了孩子参加社会实践的一种方式，是孩子的一种社会性需要。

孩子的游戏内容通常来自周围的现实生活，例如"过家家""开汽车"等，都是现实生活的反映，都是孩子在社会中经历过的事物为素材的。同时，孩子的游戏不是原原本本地照搬生活，而是孩子根据自己对生活的理解，并且加入了自己对生活的愿望，将内容进行重新组合后的创造性活动。

游戏在孩子社会能力的发展中起着十分重要的作用，孩子可以在游戏中按照自己的意愿去扮演任何角色，并从中体会到各种思想和情感。孩子还可以通过游戏学会如何在集体里发挥自己的作用，如何与别的孩子合作得更好。另外，游戏在发展孩子的自我控制、活动方式以及改造孩子的问题行为方面也起着重要作用。

如果想让孩子有更多的情感体验，妈妈应该抽出更多的时间来陪孩子一起玩游戏。妈妈可以在家中设置一些特殊的"游戏角落"。孩子的玩具不需要多么精巧多么高科技，家里的很多东西都可以"变废为宝"，大纸箱、旧布、坏掉的门把手等都可以变成孩子的宝贝。纸箱可以变成郊外的小房子；旧布变成云彩或者巫婆的斗篷；门把手可以变成喇叭或假鼻子……在玩的过程中，不但孩子的动手能力得到提高，他对感情的理解也会更加深刻丰富。

很多父母都知道游戏对孩子的好处，所以他们总是带着孩子到户外去与其他的小朋友一起玩耍。虽然户外活动对孩子来说是必不可少的，但是面对大自然的诱惑，很多孩子并不买账，这是怎么回事呢？

小波特别爱在家里玩玩具，因为玩得专心，有时连妈妈叫他都听不见。妈妈想让小波到外面和小朋友们一起玩。可是妈妈发现小波好像更迷恋玩具，每当妈妈让他外出时，小波总是表现出有些不情愿。妈妈很不理解，小波这是怎么了？

其实，孩子的玩乐没有大人那么强的目的性，他们关注的只是玩的过程，能够体验快乐情绪对他们来说已经就足够了。玩具是孩子幻想中的玩伴，无生命的玩具在他们看来和真实的小朋友并没有区别的。在 4 ~ 5 岁，玩具依然是孩子无伙伴时的假想伙伴，过了特定的时间，他就会跨过以独自玩耍为主的阶段。

父母经常可以看到孩子一边自言自语，一边摆放玩具，或者指挥打仗，或者和小动物对话，孩子不是单纯地在玩，他是在"演练"将来如何与人交往。在家玩玩具和外出找小伙伴玩，这两者之间不是对立的关系，无论孩子选择哪种游戏方式，父母都应该支持，不要勉为其难。

让孩子尽早了解一些社会规则

轩轩刚上初中一年级，一天下午放学，他跟同学们一起过马路。他们一边说笑一边走上斑马线，然后发现是红灯。这时候，不知是谁先起的头，一群人直接就朝路对面走去，忽视了红灯。轩轩愣了一下，觉得这样做不太好，似乎不应该闯红灯，但看到两边都没有车过来，他就觉得没什么事情，跟着大家一起往前走。谁知，就在他们走到路中间的时候，从右边驰来了一辆小轿车，由于速度很快，大家都没有看到，小车司机赶紧刹车，但已经晚了，车头一下子就撞在了轩轩和旁边的同学身上。事后，轩轩被送到了医院，所幸没有受太严重的伤。不过，从那以后，轩轩知道了，无论什么时候，都一定要遵守规则。

轩轩是很幸运的，如果他不幸运，这样的车祸不知道会出现多严重的后果！其实，生活中，不遵守规则的现象比比皆是，很多交通事故都是因为一两个人不遵守规则造成的。

我们都知道，规则和秩序是社会公共生活的基本准则，没有它们，任何的社会活动都无法正常开展。一般来讲，规则秩序有两种形式。一是并没有明文规定，只是人们在长期公共生活中形成的道德经验和行为习惯，也就是一些约定俗成、共同认可和遵守的行为规范。例如，乘车购物时按顺序排队，在影院、图书馆不大声喧哗等；二是有明文规定的，也就是社会公共生活中的公约、规则、规章、纪律。例如交通规则、公园游人须知、学校学生守则等。这些通常都带有一定的强制性，有些甚至与法律法规相衔接。

按规则办事，遵守规则是全人类都应该学会的基本准则，只有大家都遵守规则，才能保证整个社会的和谐，如果每个人只从自身利益出发，不遵守规则，那么这世界将永无宁日。孩子正处于培养和初步检验规则的黄金时期，如果没有及时地让他培养起遵守规则的意识，那么他将来的生活会因此受到很大影响。因此，对孩子的规则意识培养，一定要尽早、尽快。那么，父母该如何培养孩子的规则意识呢？

1. 多讲规则的作用

家长要多给孩子讲解规则的作用，让孩子了解规则无处不在，规则能保证人们更好地生活。例如，人们应该遵守交通规则、游戏规则、竞赛规则等。

2. 养成遵守规则的行为习惯

在家里，家长可以为孩子制定一些简单的规则并让孩子执行，例如物品用完后要放回原处，出门时要和家人打招呼，等等。

3. 培养执行规则的技能

有时候，孩子具备了一定的规则意识，但还是会违规。例如，穿衣服、洗漱的时候动作太慢，不得要领等。这个时候家长就要教给孩子正确做事的方法，培养孩子的自理能力，提高其生活技能。

4. 培养自律精神

一般来说，他人制定的规则是强加的，属外力约束，而自己制定的规则有内省的成分，更易于自律。因此，家长不妨和孩子一起商量制定一些家庭内部的规则，以方便大家共同遵守。例如，进别人房间之前要先敲门，玩游戏的时候要按规则决定胜负，等等。

5. 适龄的教育

针对不同年龄段孩子的肌肉发展情况，给孩子制定一些符合其年龄段的规则，而不能制定超出其能力的任务。例如，让3岁的宝宝系鞋带就有些超出他的能力范围。应根据宝宝的能力来分别设定规则，让他有能力完成，并增强自信。

6. 设立具体可操作性的基本规则

家长可以在家中为孩子制定一些基本的饮食、作息、行为和品德规则，让孩子在潜移默化中形成良好的规则习惯。

7. 培养孩子的责任感

负有责任感的孩子更容易遵守规则。因此，让孩子做力所能及的家务，对孩子主动帮助大人等自理行为给予鼓励和表扬，让孩子认识到自己的责任，有助于孩子规则意识的培养。

规则一旦建立就要执行，如果孩子触犯了规则，父母不能心疼孩子，一定要按照事先说好的惩罚办法来履行才行。只有这样，才能让孩子明白，他必须为触犯规则负责，由此也就能培养孩子认真对待和履行规则的意识了。

鼓励孩子多与人接触

社会学家说："人，是群居的动物。"不错，我们的一生中不可避免地要与他人打交道，也不可避免地要遇到各种各样的人，这些人中有的也许只有一面之缘，有的到最后却成了我们的朋友。我们自身的性格、事业、生活都和遇到的人有直接关系。

如果害怕与人交流，那么很显然，性格、事业、生活都会遇到很多阻碍。因此，不少专家建议父母：要从小就鼓励孩子多与人接触。

5岁的豪哥性格开朗，喜欢交朋友。有一次，他跟随妈妈去野餐，在他们的营地旁边，也有一个家庭。豪哥看到那边有一个小朋友，他的社交能力就开始显露了。他冲着小朋友挥手示意，那边的孩子看到有人挥手，也兴高采烈地回应起来。两个孩子就那样挥来挥去，乐此不疲。就在这个时候，对方的家长看到了豪哥，一边制止自己的孩子，一边冲着豪哥叫道："你敢打他，我就打你。"

很多家长在理智上都是支持孩子认识新朋友的，但是当自己的孩子和陌生人交流的时候，保护孩子的强烈意识往往会遮蔽家长的理智，就像故事中那位小朋友的家长一样。然而，这种做法却是非常不恰当的，这会在无形当中给孩子灌输强烈的防备意识，对于孩子日后与人接触交往会产生非常不利的影响。父母应该鼓励孩子多与人接触，接受不同的观念。试想一下，如果故事中的孩子开始和豪哥这样的孩子玩耍，发现原来陌生人身上也有很好的地方值得学习，与人相处可以得到快乐，也就会易于打开心扉，接纳他人。

在现实生活中，我们会看到有些孩子性格畏缩、躲避、爱哭泣、不敢与人接触，这与家庭的影响有很大的关系。这些孩子的爸妈怕自己的孩子吃亏，对其过分保护，使孩子养成了胆小怕事、遇事退缩的性格。要知道，孩子的社会行为和人际关系对他今后成长都有影响，因此父母要鼓励孩子多与人接触，要注意培养孩子开朗、活泼、善于与人相处的良好性格。

孩子在成长过程中需要接触更多的人，这样才能够提高自己的组织能力和团体意识。人类是群居的动物，依靠集体来抵御侵袭、创造语言、传播智慧。在现代社会，是否有组织能力和团体意识，是衡量一个人能力的重要标准。因此，让孩子接触到不同年龄的人，是孩子成长过程中必不可少的。

当然，对一个孩子来说，适合他们成长的小社会中并不特别

亲子关系
——孩子一生价值千万的财富

强调不同职业的成年人出现，因为他们对新事物的接受和感知能力是有限的，而鼓励不同年龄幼儿间的互动，这对幼儿的智力，特别是思维能力的发展是非常有好处的。这样可以训练他们的思维和表达能力，以及因此感受到的"人气"和"威望"，从而极大地鼓舞他们的信心。

这也是蒙特梭利的一个教育主张——混龄教育。

所谓的混龄教育，就是想办法让不同年龄段的孩子们一起玩耍，这样能够体现出群体互动的复杂性和层次性。不同的孩子在不同的群体当中扮演着不同的角色，比如说在这里是弟弟或者妹妹，到了另一个群体就是哥哥或者姐姐，这样的一种变化会使他们不断适应和接受新的角色。这些角色变化可以让孩子体验到年幼幼儿对年长幼儿的尊重、敬畏、钦佩或嫉妒，同时还能体验到年长幼儿对年幼幼儿的关心、爱护或轻视等，这些复杂的情感体验能给孩子带来巨大的冲击。

多和不同的人接触，孩子也将获得丰富的情感体验，由于年龄差异和能力差异，每个孩子都将拥有区别于以往的角色和地位，面对着相对复杂的关系，他们处理问题的能力也会得到相应的锻炼，这对他们的成长是有好处的。

了解到这些，父母也就明白了，应该鼓励孩子多与人接触，努力创造孩子与别人交往的机会，让孩子的生活不孤单，尤其是多和不同年龄段的朋友接触交流，锻炼孩子各方面的能力，这对他们的成长是一笔不可多得的财富。

在社会活动中培养孩子的合作精神

父母教育孩子，应该注重从小就培养孩子的合作精神，让他们懂得"1+1>2"的道理。在现代社会，如果一个孩子能有团结合作意识，并时刻将这种意识转化为自觉的行动，那他长大以后，往往也能在现实生活中争取到更多成功的机会。

星期六上午，一个小男孩在他的玩具沙箱里玩耍。玩具沙箱里有他的一些小汽车、敞篷货车、塑料水桶和一把亮闪闪的塑料铲子。在松软的沙堆上修筑公路和隧道时，他在玩具沙箱的中部发现一块巨大的岩石。

小家伙开始挖掘岩石周围的沙子，企图把它从泥沙中弄出去。他手脚并用，似乎没有费太大的力气，岩石便被他连推带滚地弄到了玩具沙箱的边缘。不过，这时他才发现，他无法把岩石向上滚动，翻过玩具沙箱边框。

小男孩下定决心，手推、肩挤、左摇右晃，一次又一次地向岩石发起冲击，可是，每当他刚刚觉得取得了一些进展的时候，岩石便滑脱了，重新掉进玩具沙箱。

小男孩只得拼出吃奶的力气猛推猛挤。但是，他得到的唯一回报便是岩石再次滚落回来，砸伤了他的手指。

最后，他伤心地哭了起来。整个过程，男孩的父亲在起居室的窗户里看得一清二楚。当泪珠滚过孩子的脸庞时，父亲来到了他的跟前。

父亲的话温和而坚定："儿子，你为什么不用上所有的力量呢？"

垂头丧气的小男孩抽泣道："但是我已经用尽全力了，爸爸，我已经尽力了！我用尽了我所有的力量！"

"不对，儿子，"父亲亲切地纠正道，"你并没有用尽你所有的力量。你没有请求我的帮助。"

父亲弯下腰，抱起岩石，将岩石搬出了玩具沙箱。

"儿子，记住，一个人的力量终归是有限的，你必须学会寻求他人的帮助，学会和他人合作。知道吗？"父亲语重心长地对儿子说道。

儿子看着爸爸，点了点头。

现在是知识经济时代，各行各业的竞争日趋激烈，然而这些竞争并不是靠个人单枪作战就可以取胜的。因此，团队合作意识在竞争中越来越重要。

然而，在独生子女比例相当大的今天，每一个孩子的好胜心都很强，孩子大都缺乏这种团结合作意识。这种状况与我们所处的需要合作意识的信息时代很不合拍，十分令人担忧。

对此，父母在鼓励孩子与人交往的同时，更要帮助孩子树立很强的团队意识，培养孩子与人合作的精神。两人为"从"，三人为"众"，我们的社会是由人组成的，社会的发展需要人的团结合作。每个人都要借助他人的智慧完成自己人生的超越，于是这个世界充满了竞争与挑战，也充满了合作与共赢。

对当代的父母来说，在孩子很小的时候就培养他们与人协作的团结精神尤为重要。

一个孩子，一般不会在需要合作的情境中自发地表现出合作行为，他们也不知道应该如何合作。这就需要家长教给孩子合作的方法，指导孩子怎样进行合作。

我们可以为孩子量身打造一些活动，让孩子在活动中体验合作的重要性。例如，在活动中有四个小朋友，但是却只有三件玩具，怎么办？大家都在话剧表演中想演同一个角色，怎么办？……当孩子们在玩的过程中遇到问题了，他们就会想办法协商解决。当玩具不够的时候，他们就会主动想办法，相互谦让，或者是轮流使用，或者干脆大家一起玩，或者找其他的小朋友借。家长可以有意识地帮助孩子设计这样的情境，帮助他们逐渐养成合作的习惯。同时，通过合作，大家一起玩，反而会玩得更开心。

为了孩子的未来，为了孩子的幸福，希望所有的父母都认识到团结合作的重要性，并切切实实地将其贯彻到孩子发展的每一步。

让孩子参与家庭大事的讨论

在日常的生活当中，如果父母从来不考虑孩子的感受，不让孩子对家里的事情发表意见，那么孩子就会感到在家中没有话语权，从而感到失望愤怒。要是这种情绪无处发泄，久而久之，孩子要么会成为窝窝囊囊、沉默寡言的"闷葫芦"，要么就是事不关己高高挂起的"书呆子"。

因此，有教育专家建议，父母应该尽量多召开一些家庭会议，让孩子参与家庭大事的讨论。

家庭会议会让孩子找到一个说话的窗口，在这里，孩子可以倾听，可以参与交流甚至是解决问题的环节中，在这种平等民主的氛围下进行的教育，无形中对孩子是一个良好的熏陶，孩子思考问题、组织语言、积极参与的能力都会得到锻炼，而且，在这种情况下孩子也很容易感受到来自父母的重视。

家庭会议是孩子成长的一个小渠道，孩子通过家庭会议上讨论的问题而逐渐熟悉家庭结构。在一个完整的家庭里，需要考虑到家务、财务预算、日程安排和生活方式。而这些，为孩子以后离开父母、自立门户更好地适应社会打下坚实的基础，还可以锻炼孩子的言语表达能力。

当孩子的想法得到表达，情绪也得到了宣泄，孩子的心理会更加健康，家庭也会更加和谐稳定。

每到月末，孩子就会拿出家庭会议记录本，和父母一起坐在沙发上，开始每月一次的家庭会议。今天晚上，一家人又坐在一起开会了。

"爸爸，你对我这个月的表现满意吗？"儿子真诚地询问父亲。

"嗯，非常满意，只是你今后放学回家时，尽快洗个澡，好吗？可能是由于天气太热，你总是抱怨自己浑身痒，影响你的睡眠。"

"嗯，好的，谢谢你的提醒!"儿子在会议记录本上写下"勤洗澡"三个字。

"我这段时间心里总有一股莫名的烦躁，也不知是什么原因。"母亲说。

"我想是你长时间待在家里干家务，而很少外出散心的缘故。这段时间我的工作很紧张，也没有多少时间来陪你。这样吧，下个星期天，我们一家人去郊游好吗?"

"你的建议太好了!"母亲开心地说。于是，一家人又在灯光下开始讨论下周末的郊游计划。

这样民主的对话，没有一个孩子会不喜欢。与此相反，专制的对话，几乎没有孩子会喜欢，一不小心还会激起孩子的逆反心理。

一个周末，梅丽在家里一边吃零食一边看电视，爸爸回来看到桌子和地板上有很多垃圾。

"你没看到地板脏了吗? 这么大了，也不知道收拾收拾，整天就知道玩。"爸爸没好气地对梅丽说。

"嗯，好像不是很脏啊。上次你在家的时候，地板比这还脏，你都说可以等明天再打扫的。"

"你这孩子，怎么这么跟爸爸说话，爸爸忙着工作，可你呢? 快点，把电视关了，打扫卫生! "爸爸的口气强硬和坚决，梅丽听后，心里非常不高兴，索性把电视关了，把原来桌上的垃圾全弄到了地上，自己回房间看小说去了。

其实，梅丽本来想吃完手中的零食就打扫卫生的，可爸爸此时却以不容商量的语气命令她，令她十分反感，所以她才选择了和爸爸对着干，如果爸爸能以商量的口气平和地跟她说话，她一定会愉快接受的。

很多父母常常觉得，自己是一家之主，孩子就应该听从自己的吩咐和要求。

他们习惯于不征求孩子的意见，就自作主张地要求孩子去做某事，结果往往适得其反。就像文中的梅丽爸爸，他没有完全了解事情原委就以不容商量的口气下命令，结果引来了孩子的反感。

现实生活中，有些父母虽然征求了孩子的意见，但也只是象征性地问问孩子。很多时候，父母会觉得孩子的意见不成熟，最终还是主观地按照自己的意见去行事，而将孩子的意见弃之一旁。结果，让孩子觉得自己的意见得不到重视，最后也懒得参加这种形式性的"家庭会议"。

孩子是家庭中的一分子，就应该有权利参与家庭大事的讨论，而参与讨论又可以带给孩子不少益处，父母何乐而不为呢？

教孩子聪明勇敢地说"不"

家长在教育孩子的过程中，也应该让孩子明白这样的道理：一个主动掌握着自己命运的人，一个不被别人左右的人，一个敢于挑战自我、突破自我的人，一定是一个懂得如何说"不"的人。只有学会说"不"，才能把握住每一个机会去展现自己，去尝试改变。

凯梅从小就是一个老好人，很少对别人说"不"。这种性格在她的学生时代带给她不少的麻烦，但她却并没有改变。大学毕业参加工作不久，她的这种性格就给她招来了更大的麻烦，这让她很心烦。

她的姑妈决定给凯梅上一堂人生课。于是她的姑妈就假装来到她工作的城市看她。凯梅陪着姑妈在这个小城转了转，到了吃饭的时间。

当时，凯梅身上只有50元，这已是她所能拿出来招待对她很好的姑妈的全部资金。她很想找个小餐馆随便吃一点，姑妈却偏偏相中了一家很体面的餐厅。凯梅没办法，只得随她走了进去。

两人坐下来后，姑妈开始点菜，当她征询凯梅意见时，凯梅只是含混地说："随便，随便。"此时，她心中七上八下，放在衣袋中的手里紧紧抓着那仅有的50元钱。这钱显然是不够的，怎么办？

可是姑妈似乎一点也没注意到凯梅的不安，她不住地夸赞着这儿可口的饭菜，凯梅却什么味道都没吃出来。

最后的时刻终于来了，彬彬有礼的服务员拿来了账单，径直向凯梅走来，凯梅张开嘴，却什么也没说出来。

姑妈温和地笑了，她拿过账单，把钱给了服务员，然后盯着凯梅说："傻孩子，我知道你的感觉，我一直在等你说不，可你为什么不说呢？要知道，有些时候一定要勇敢坚决地把这个字说出来，这是最好的选择。我这次来，就是想要让你知道这个道理。"

女孩的姑妈教给了女孩一个道理，那就是在该拒绝的时候要聪明勇敢地说"不"，尽管说"不"代表"拒绝"，但有些时候，说"不"也代表"选择"，而且是一种必需的选择。

家长应该从孩子还小的时候，就给孩子灌输一些必需的观念。

第一，说"不"是你的权利，你不要因此而自责。很多孩子经常会因为拒绝了同学或者朋友的请求而惴惴不安，害怕同学和朋友因此而疏远自己。这时候，就需要家长告诉孩子，说"不"是一个人的权利，尤其是对一些过分无理的请求，如果这个人是真心把你当朋友，他也一定不会因为你行使了自己的权利就疏远你。

第二，每个人都有一个自我的存在，不要因为害怕拒绝而丢失了自我。家长应该告诉孩子，当对一些人或者一些事情说"不"的时候，不仅仅是一种拒绝，更是一种选择，选择不去做怎样的人，或者不去做怎样的事情。每个人的一生都会受到无数的诱惑，只有那些勇敢地对这些诱惑说"不"的人，才能成就自己的人生和事业。而且勇敢说"不"并不一定会给孩子带来麻烦，反而是替孩子减轻压力。如果一个人想活得自在一点、有原则一点，就得勇敢地说"不"。

第三，对于自己力所不及的事情，勇敢地说"不"，是对自己负责也是对他人负责。生活中经常出现这样的例子，明明自己不一定能做好，但是不好意思拒绝或者为了保住自己的面子而答应了别人，结果最后不但没有帮到别人，还有可能伤害了自己或者别人。可以说，这是对自己和他人都不负责的表现。

此外，需要家长注意的是，让孩子勇敢地说"不"，不仅仅是让孩子学会拒绝别人的索求，也是学会拒绝别人的给予。家长要让孩子知道，人生的道路很漫长，坎坷之途谁都有。人，最终还是要靠自己站起来，越过这个坎，磨难将是孩子的一笔财富。

总之，学会拒绝是一种自卫、自尊，学会拒绝是一种沉稳的表现，学会拒绝是一种意志和信心的体现，学会拒绝是一种豁达、一种明智。学会拒绝，孩子才能活得真真实实、明明白白，才能活出一个真正完美的自己。

教孩子学会与人分享

分享是一种美德，更是一种快乐。萧伯纳曾经说过："你有一个苹果，我有一个苹果，彼此交换，每个人只有一个苹果。你有一种思想，我有一种思想，彼此交换，每个人就有了两种思想。"分享能够让人减少痛苦，获得快乐。一个人在生活中需要与人分享自己的痛苦和快乐，没有分享，他的人生就是一种惩罚。

现在的孩子以自我为中心的现象，已经成为困扰广大老师和家长的一个严重问题，而孩子的这种自我中心的心理根源于父母的私爱和溺爱。为了不让孩子的爱心枯竭、泯灭，父母不仅要爱孩子，更重要的是要让孩子学会爱。如果父母只是一味地给予孩子爱，对孩子是没有好处的。"溺爱是父母与孩子关系上最可悲的事，用这种爱培养出来的孩子是不会把心灵献一点给别人。"这是一位教育家的经验之谈。所以，父母在爱孩子的时候，应该教孩子学会与人分享。

与别人分享好吃好玩的东西，对别人说一些关心体贴的话，同情并帮助有困难的人，不计较别人的过错，对别人能够宽容和谦让，孩子的爱心就是通过这样一次次的行为模仿和强化而逐渐形成的。

那么，怎样才能让孩子养成与别人分享的好习惯呢？

1. 让孩子尝到分享带来的乐趣

一般来说，以自我为中心的孩子会有以下三个特点：

（1）自私，故步自封。只看到自己而看不到别人的孩子是不会有什么进步可言的。

（2）缺乏自信。虽然有的孩子表现出骄纵的人格特征，但是就其本质而言，仍然是一种缺乏自信心的表现。

（3）社会性差，不合群。自我中心作为一种人格特征，它所产生的消极作用和负面影响的第一要素就是自私。这就直接导致了那些以自我为中心的孩子在和外界的交往中会排斥"异己"、拒绝开放、忽视理性力量、回避真诚、吝啬付出、难以与他人合作、缺乏公心（为他人、为集体考虑）。所以，这就需要父母用一些巧妙的计策把其自私的外壳击碎，让孩子能够拥有一分懂得分享的智慧。父母可以从家庭中的活动做起，父母要与孩子一同参与、共同分享，让孩子尝到分享带来的乐趣。

2. 通过移情引导孩子与他人分享

当孩子还只有几个月大的时候，父母就要让孩子学着与别人分享东西。孩子渐渐长大了，在餐桌上，要让他学着给长辈夹菜；鼓励孩子给爸爸妈妈拿东西；教孩子给客人让座，让孩子做这些力所能及的事，这些都会让他们从中品尝到做了有益于他人的事而给他们带来的喜悦。

3. 父母要学会分享孩子的东西

实际上，在这里所说的"分享"有两层意思：既要教孩子学会分享，还要父母学会分享——而这一点却往往会被父母们所忽视。

很多父母宁可自己受苦也不愿让孩子吃苦，把那些好吃的、好玩的、好用的全都放在孩子的面前。虽然他们在思想上也会担心孩子会成为一个不知道关心别人的冷血儿，但在行为上却不会与孩子分享。在一个家庭中，经常会发生这样的一幕：一个孩子诚心诚意请父母一块吃东西，父母却坚决推辞说："你吃，妈妈不吃。"或者"爸爸不喜欢吃油炸的东西，也不喜欢吃甜的东西"。就这样，孩子与人分享的好意被父母给扼杀了。慢慢地，孩子也就养成了吃独食的习惯，那些谦让与分享的习惯也让他们丢到九霄云外了。

4. 用交换的方法让孩子学会分享

许多孩子在公共场合里玩耍的时候，总是希望自己能够独自占有所有的东西。事实上，孩子的这种行为和想法都是不好的。但是，如果父母一味地批评孩子，则会产生相反的作用。遇到这种情况，父母应该鼓励孩子与其他的孩子交换自己的一些玩具或是图书。让孩子学会把东西借给别人，再向别人借东西，通过交换东西而逐渐让孩子学会和人分享。

5. 允许孩子有自己的宝贝

其实，每个人都会有不愿意与别人分享的宝贝，孩子也一样。有些东西可能是孩子特别喜欢的，也可能是孩子认为某些重要的人送给他的礼物，这些对孩子来说有着特殊的意义。总之，父母在提倡孩子与人分享的同时也要允许孩子有不和人分享的宝贝，而且要让孩子懂得珍惜自己的宝贝。当其他的孩子来家里玩的时候，父母可以允许孩子把他认为重要的宝贝"藏"起来，不让其他人分享。但是，对于大多数的东西，父母应该要求孩子与人分享。

只有孩子藏好了自己的宝贝，他才会大方地把其他东西借给别人，才会更好地和别人分享。如果父母强迫孩子把所有的东西都与人分享，这不但不合理，反而会激发孩子的逆反心理，让孩子做出相反的行为。

让孩子学会赞美别人

赞美是语言的钻石，赞美有着巨大的威力，赞美是我们乐观面对生活所不可缺少的，是我们自强、自信、自我肯定的力量源泉；赞美是人际关系的润滑剂，还可以约束人的行动，能使人自觉克服缺点，积极向上；赞美的效果常常会出乎人的预料，即使是简单的几句赞叹都会让人感到心理上的满足。向别人传递一个真诚的赞美，能给对方的心灵带来光明。所以，在日常生活中，应该培养孩子去发现，去寻找别人值得称赞的地方，并设法真诚地告诉别人，这样既能给别人的平凡生活带来阳光与欢乐，使生活更加光彩，也会让赞美别人的孩子有一个良好的人际关系。

在人际交往中，赞美要运用得体，它是一种密切人与人关系，消除隔阂，增加双方亲近感的奇妙的"润滑剂"。由于它能使别人获得自尊心和荣誉感的满足，从而有效地削弱了抵触与对立的情绪，这就同时增强了双方的理解、信任和亲近感。赞美可以使人受到鼓舞、不断进取，也能使人盲目自满、故步自封。所以，对别人进行赞美的时候一定要讲究技巧。要记住这样一句名言："赞美词是一把两面有刃的利剑，它能增进人际关系，铲除隔阂；也能刺伤对方的自尊心，破坏关系。"

赞美别人应是一种习惯，这种习惯应该从小就开始培养。那么，怎样让孩子学会赞美别人呢？

1. 赞美别人一定要真诚

赞美绝不是虚伪的胡乱夸赞，也不可以用漫不经心的态度，一定要用认真诚恳的表情来赞美他人。如果别的同学把事情搞砸了，你却"不失时机"地"赞美"道：你做得真好，我想做还做不到那个样子呢。这个时候，赞美就变成一种讽刺了。不真诚的赞美往往会起反作用，不但不会使别人舒畅，反倒会伤害别人。

实际上，真诚的赞美与虚伪的谄媚有着本质区别：前者看到和想到的是别人的美德；而后者则是想从别人那里得到非分的好处。只有真诚赞美别人的人才能真正得到别人的爱。

赞美有时候没有必要去刻意地修饰，只要是源于生活，发自内心，真情流露，就会收到赞美的效果。

2. 对事不对人

赞美也绝不是阿谀奉承。教孩子赞美别人不能毫无根据，只是说："你真是一个好人！"那样的赞美毫无意义。所以，一定要赞美事情的本身，这样对别人的赞美才可以避免尴尬、混淆或者偏袒的情况发生。比如，当父母带孩子到朋友家做客，朋友准备了美味的饭菜，这时候，父母可以让孩子这么说："阿姨你做的饭真好吃。"而不要只是说："阿姨，你真好。"

3. 可以直接赞美

以具体明确的语言、表情称赞对方的行为。例如，同学的作文写得非常好，就该说："你的作文写得真好，我要是也有你那么好的文笔就好了。"这样的话语既平等，又真实，充满羡慕，让别人觉得很舒服。即使被赞美者知道自己的作文写得没那么好，也会对称赞者平添一份友好的感情。而赞美长辈则应怀着敬佩、尊重、学习的心情。

4. 可以间接赞美

教孩子以眼神、动作、姿势来赞美和鼓励别人。很多人对表情和动作的感受远远超过对语言的感觉，有一些场合，人的表情在多数情况下是下意识的，装也装不像，其中所含的虚伪成分是很少的。比如，可以用微笑、惊叹，或是夸张地瞪大眼睛表示对别人能力的倾慕和敬畏，这种方式是容易被对方接纳的。另外，如果想让孩子有赞美别人的习惯，父母首先要学会赞美孩子。比如，有位同学的英语习成绩一直很差，他经常为此感到十分自卑。在一次期末考试的时候，他的英语成绩侥幸有所提高，并且受到了老师的表扬，他的父母更是给了他充分的赞扬和鼓励。这次意外的好成绩使他重新找回了自信，学习不断进步，最终考上了理想的大学。

恰当地赞美别人是很重要的，它能拉近人们彼此的距离，让别人对你充满好感，充满信任。生活中，只要孩子注意到了这一点，经常恰当地赞美别人，将会改变孩子的生活，让孩子生活在爱的世界里，体会到爱的快乐。

教孩子专心倾听别人说话

再也没有比专心倾听别人说话的人更礼貌的了。常发牢骚甚至最不容易讨好的人，在一个有耐心和同情心的听者面前，也常常会软化下来的。

有一位哲人曾经说过："上帝给我们两只耳朵，却只给我们一个嘴巴，意思是要我们多听少说。"这说明，听在人们交往中居于非常重要的地位。善于倾听他人的说话在人际交往中是非常重要的。心理学研究表明，越是善于倾听他人意见的人，与他人关系就越融洽。因为倾听本身就是褒奖对方谈话的一种方式，你能耐心倾听对方的谈话，等于告诉对方"你是一个值得我倾听你讲话的人"。一位名人说："学会了如何倾听，你甚至能从谈吐笨拙的人那里得到收益。"

事实上，在谈话中，不管什么人都不可能总是处于说的位置上。要使交谈的双方双向交流畅通无阻，就必须善于倾听他人的谈话。善于倾听他人说话的人，懂得"三人行，必有我师"的道理，不仅能够及时地把握对方的信息，弥补自己的不足，不断完善自己，而且能够让对方产生被尊重的感觉，加深彼此的感情，有利于人际交往。

但是，在我们的现实生活中，往往会发现很多孩子非常善于表达自己，但是却不会倾听他人，无法与人在交往中体现出真诚，甚至不愿意倾听他人的建议和忠告。事实上，每一位父母都应该培养孩子倾听他人的习惯，它将使孩子终身受益。

1. 倾听孩子的心声

想让孩子养成倾听他人的习惯，父母必须要有认真倾听孩子心声的习惯。但是，在现实生活中，许多父母都没有做到这一点，他们总是喜欢自己说，而从来不会去倾听孩子。经常会有父母这样感叹："孩子有什么话总不肯跟我说，我说什么孩子也不愿听，真是拿他没有办法。"事实上，只是平时父母没有倾听孩子的习惯，孩子说的话得不到父母的重视，所以孩子只有把自己的想法藏起来。而且，孩子还会感觉到父母是不尊重自己的，从此更加减少与父母之间的沟通。这种后果将是非常严重的。

倾听孩子的心声不仅是了解孩子心灵的有效途径，也是培养孩子倾听他人的重要方法。父母一定要专门抽出时间来倾听孩子的心声，让孩子感受到你对他的重视和赏识。在倾听孩子说话时，父母一定要端正姿态，千万不要摆出一副表面上倾听、实际上千方百计想出一些理由来反驳他的样子，完全不顾及孩子的感受，总是否定孩子的思想，这样孩子便不会再主动与父母交流了。

更重要的是，通过倾听孩子们说话可以了解他们心中的感受。不论孩子提出什么样的问题，父母都要尽可能找时间去倾听，而不要让孩子等你有了时间再说。立即倾听孩子说话，有助于赢得孩子的信任，更有助于培养孩子与人交往，倾听他人的好习惯。

2. 用心倾听他人

有些孩子在听别人讲话时往往会心不在焉，或是左顾右盼，一点都没有用心在听，这种方式是最容易伤害别人自尊的。说话的人往往会觉得自己不被尊重，因此不愿再讲，更不愿讲心里话，谈话不仅无法收到较好的效果，还会影响双方的关系。

父母要教育孩子在别人愉快的时候分享他人的快乐，在别人痛苦、失落的时候分担他人的痛苦和失落，这种用心与人交往的表现必然会赢得他人的好感。父母要让孩子知道，在人际交往中，孩子不仅需要理解他人的情绪，而且还必须感受和体验他人的情绪。

3. 教给孩子倾听他人的礼仪

倾听他人有许多好处，但是，怎样才能认真地倾听他人呢？

（1）倾听他人的环境最好比较安静，这样可以减少外界的干扰。

（2）交谈时保持冷静的心态，不要受到其他事物的影响。

（3）要面带微笑，不要显示出不耐烦的样子；要让对方感到轻松自如，而不是拘束。

（4）倾听时不要挑对方的毛病，不要当场提出自己的批判性意见，更不要与对方争论，尽量避免使用否定别人的回答或评论式的回答，如"不可能""我不同意""我可不这样想""我认为不该这样"，等等。应该站在对方的立场去倾听，努力理解对方说的每一句话，并可以对他人的话进行重复。

（5）交谈过程中要少讲多听，不随意打断他人的讲话。

（6）倾听的过程当中要运用眼神、表情等非语言传播手段来表示自己在认真倾听。尽可能以柔和的目光注视着对方，并通过点头、微笑等方式及时对对方的谈话做出反应；也可以不时地说"是的""明白了""继续说吧""对"等语言来表示自己在认真倾听。

（7）如果对对方谈到的内容比较感兴趣，可以先点点头，然后简单地表明自己的态度，最后再说"请接着说下去""这件事你觉得怎么样""还有其他事情吗"等，这样会使对方谈兴更浓。

（8）要注意倾听对方说的内容，最好能够在对方讲完后简单地复述一遍，这样可以让对方感到被认真倾听，同时也确保理解了对方所讲的内容。

（9）如果对对方的谈话不感兴趣，可以委婉地转换话题，比如，"我想我们是不是可以谈一下关于……的问题"等。

倾听他人的心声是孩子必须具备的美德。孩子要与人融洽相处，流畅地交流，必须先学会倾听。倾听他人既是一个听的过程，也是一个学的过程。在倾听他人的过程中，孩子可以从他人的言语中学习到一些自己不知道的知识和他人的为人处事的态度与原则。想要让你的孩子在人际交往中做到最好，倾听是他必须修的一门课程。所以，父母们，赶快行动起来吧，把你的孩子培养成为一个善于倾听的天使。

给孩子适当的交友空间

成年人都有一种体会：每当回忆起童年生活时都非常兴奋，对儿时的朋友感到特别亲密。对别人谈起来，赞不绝口，说起与童年朋友一起干的各种趣事，如数家珍。如果儿时的朋友要聚会，只要时间允许，有请必到；儿时的朋友需要帮助，立即行动，当仁不让。我们的经历告诉我们：孩子需要朋友。

俗语说得好："一个篱笆三个桩，一个好汉三个帮。"一个人不可能孤独地生活在社会上，总是需要朋友，需要友谊，需要别人帮助。离开人与人的联系与交往，人就不存在了；离开人与人的联系与交往，人就不能发展。在诸多的联系、交往中，总有至近的、感情亲密的一群人，这就是朋友。所以说，选择友伴是人的社会性需要，也是符合少年集群心理的。我们的孩子应该在朋友圈中长大成人，这尤为重要。

可现实的情况是，南方某市有关教育部门对该市一千多名小学生进行调查后发现：将近一半的孩子没有伙伴一起玩，"伙伴危机"正影响孩子的健康成长。它对孩子在成长过程中性格的形成，能力的培养，人格的完善及心理素质的提高等都带来了一定的负面影响。

独生子女缺乏伙伴是一个需要认真关注的问题。这不单单是表现在每一个家庭只有一个孩子，没有兄弟姐妹而造成的孤独感，更主要的是由于是独生子女，家长"少而精"的意识作祟，对孩子十分重视、百般呵护，不敢放手与人交往，不愿让孩子脱离自己的视力范围，不给孩子更多地接触社会的机会，无形中缩小了孩子的活动空间，缩小了孩子的交友范围，人为地封闭了孩子本该躁动的心。

日常生活中，谈起家长是如何对待孩子与朋友的交往这方面的话题时，孩子们几乎都有一肚子的苦水。

有一个女孩说：

"我的父母对我的朋友总是特别敏感。如果我想和女同学交朋友，需要经过他们的'资格审查'。学习不好的不能交；讲话太多的不能交；打扮太漂亮的不能交；眼神太灵光的不能交。如果我想和男生交朋友，干脆免谈。在这种高压政策下，我还能有朋友吗？

"有一次，我放学回家的路上碰见两个同年级的男生，大家平时都挺熟的。那天，他们说想到我家去聊聊，顺便认一下门。我答应了，虽然我知道父母将会怎样为难我，可我还是带他们到我家了。路上我跟他们说，要他们对我父母说是我的同学，是来找我借书的。我之所以这样做，是不希望又被父母骂，不希望弄得不愉快。

"到了我家，还好，父母还算给我留面子，没有当时把他们赶走。但是，爸爸不时地到我屋里来看看，其实他是来监视我们的。那两个同学也觉得很别扭，没坐一会儿就走了。

"我把他们送出门，刚回到家，爸爸就铁青着脸问我：'他们是干什么的？'我说是我的同学。他又问：'跟你是一个班的吗？'我说不是。爸爸又说：'那你怎么把他们招引来了？'我当时就忍无可忍，什么叫"招引'啊？爸爸为什么用这样的语言来挖苦我？

"那一天，我不知道自己是怎么上床睡觉的。"

各位家长朋友，您对您的孩子是否也这样？也许，您家没有这种比较过分的情况，但您是否给孩子的成长提供过一些与伙伴交往的机会？您是否对孩子的交往担心有余，放手不足——总是担心孩子到外面玩被人骗了，担心孩子与不好的伙伴交往被带坏了，担心孩子把朋友带回家弄乱了房间？

事实上，人际交往是人的重要需要，也是孩子社会化的重要途径。孩子的交往活动，首先发生在家庭中，主要是与父母及其他长辈的交往。但是，随着孩子年龄渐渐增大，他们开始与老师、同学、伙伴交往。在各类交往中，孩子们与同龄伙伴的交往尤其重要，他们也因此有了自己的朋友。

聪明的家长不会对孩子的朋友进行"围追堵截"，应给予孩子充分的择友权，让他们自己作出决定，并尊重他们的朋友，帮助他们建立积极的人际关系。

家长要想使孩子成为同学们心目中的好伙伴，就要努力为孩子提供一个相对宽松的民主家庭氛围，因为这样才能培养出性格平和的孩子，孩子才能平和地与别人交往。只有孩子在充满善良、宽松的环境中长大，才能保证他健全的人格，健康的个性品质，这是孩子成为受同学欢迎的人的基础。

家长还要善于利用各种机会指导孩子与人交往。比如，家里来了客人，要让孩子主动打招呼，帮助做些接待事宜；去别人家做客，要教育孩子有礼貌；成人间谈话，如果没必要让孩子回避，可以让他们参与，并允许他们发表自己的意见，这是他们学习人际交往的极好机会。家长对孩子敢于在别人面前说出自己看法的行为应给予鼓励，对他们正确的见解应及时肯定。对孩子的一些不妥做法，如只顾自己说话，随便打断别人谈话等，要及时提醒，并在事后进行必要的教育和指导。

对于孩子们在交往的过程中出现一些矛盾和争执，是很自然的现象，家长不应过多干预，要正确对待。要尽量让孩子们自己来解决问题。让孩子明白与同伴交往是自己的权利，同样，处理同伴交往中出现的问题也是自己的责任和义务。这是对孩子独立人格的肯定，也是培养孩子独立性的重要一步。通过独立解决冲突和矛盾，使他们学会协调、同情、忍让等处世技能，这往往是在与成人的交往中学不到的。

同时，家长要欢迎孩子的伙伴到家中作客。不必太在意孩子们在一起时对家中清洁与秩序的破坏。父母可以巧妙地抓住这一时机培养孩子们自理的习惯和能力。给孩子空间，允许孩子们单独在一起说悄悄话，进行"秘密"的小活动。

当然，家长对孩子的交往也应积极地把关。由于孩子年龄较小，自制自控的能力较低，因此积极关注孩子的交往状况、预防同伴交往带来的不良影响是必要的。"近朱者赤，近墨者黑"，父母应经常和孩子讨论择友的标准与注意事项，以促进孩子恰当选择交往的同伴。

赞赏孩子的人际交往能力

洋洋的父母总是对孩子们的待人接物采取一种不加干涉的态度。洋洋要和妈妈、爸爸去参加小徐叔叔的婚礼了。

在妈妈的帮助下，他仔细地打扮起来。不一会儿，一位风度翩翩、神气十足的小绅士来到了爸爸面前。浅色的礼帽，洁白的衬衣上打了个漂亮的粉红色领结，浅灰色的西服平整笔挺，一双漂亮皮鞋擦得油亮，戴上那双小巧精致的洁白的小手套，显得神采奕奕，大方得体。这时，爸爸已经收拾完毕。两人对面一站，全都是标准的装饰。

"爸爸，你看我的打扮，行吗？"洋洋仰面问道。

"当然，我的小天使，你看起来棒极啦！小徐叔叔看了一定会非常高兴的！"

当他们来到小徐叔叔家里，主人早已在外边等候了。"哦，我的小先生，你今天看起来好极啦！"小徐叔叔抱起洋洋说。

"谢谢，小徐叔叔！祝您和阿姨生活幸福！"洋洋非常有礼貌地和小徐叔叔交谈。

洋洋的爸爸和妈妈显然对此十分满意。当他俩交谈一会儿后，他们才献上自己准备的精美的礼物，表达出最诚挚的祝福。

现代孩子心理学研究发现，孩子到3岁时就开始想交朋友了，需要小伙伴，这就是他们的社会性的萌芽。

一个正在哇哇大哭的孩子，母亲怎么哄他也无济于事，如果这时过来了一个小朋友逗他玩，他立即就会破涕为笑的，这是因为小伙伴们之间容易形成一种"共鸣心理"，他们能相互接受对方的影响。

在这里，小伙伴所起的作用是大人所顶替不了的。这一关系等他们长到5岁时就显得更为重要了，这时他们就会有自己的"游戏集团"和"领袖"了，小伙伴们相处在一起，起到了很好的"孩子教育孩子"的作用，他们会在这里逐渐地了解到自己与他人的区别和联系，他们也开始认识到随心所欲、任性和以自我为中心，是肯定无法与其他孩子交往的，他们一定要严格遵守伙伴中的"法则"，要是谁违背了法则他就会被排挤，不受伙伴们的欢迎。

这样，他们就会逐渐从"自我"的思想中走出来，学会了谦让和互助，也会了解到自己的权利和义务。

小伙伴之间的关系往往都是十分密切的，它不仅满足了他们的心理发展的需要，而且满足了整个社会心理的需要，从这里他们发展了一种独立性和社会性，增强了那种自主能力和社会能力，为他们以后的长大成人，走向社会打下坚实的基础。

美国父母非常相信自己孩子的交往才能，他们会鼓励孩子学会通过电话问候爷爷奶奶，会带着孩子出席各种社会交往的场合。当着别人的面，让孩子主动自由自在地交往，大大方方地接受礼物，真诚地感谢别人的赞扬和主动请求别人帮助。

这就是父母要做的。让孩子独立自主地交往，在人际交往中学会主动、大方和自信。要尽量地支持孩子们共同玩耍，一起活动，特别是当自己的孩子和别的孩子发生了争执或打架的时候，更不该感情用事，过早地干预。

其实，孩子们打架是难免的，如果他们在打架中碰了"钉子"，他们就会意识到相互之间应该多忍让，考虑一下他人的不同意见，为了使活动能够继续进行，他们很快就会解决这些纠纷，重新言归于好，从而获得了与他人相处的经验。

个体如果脱离了社会，他就不再是一个个体了。为了孩子更好的将来，让他们早早去自由地"闯荡世界"吧。

第七章

好的亲子关系能培养孩子的优秀品质

好父母总能发现孩子的闪光点

因为他们是孩子，所以他们对世界上的一切都充满了浓厚的兴趣，也敢于去想象、实践一些新鲜的东西。我们这里首先提出的就是要激发孩子的兴趣与创造力。而且这与孩子个性的形成有着很大的关系。

假如家长整天把孩子关在家中学习，限制其活动，往往打破他们的幻想，这样的孩子长大了只会成为家长的乖儿女，社会的"绝对守旧者"，可以说他们也会因此形成一种"奴"性。你愿意孩子成这样吗？如果孩子们都这样培养，那么社会就毫无进步的希望了。

激发孩子的兴趣、创造力要与其树立正确的是非观相结合。不能鼓励其胆大妄为，赞扬其胡思乱想。要激发其兴趣、创造力的有利性、可行性。这一点，A 女士就做得不错。

一天，A 女士下班回家，发现儿子拿着她心爱的牛角冒着大雨在院子里挖石头，身上雨水混着泥浆，脏得不行了。那牛角尖也不知是否依然存在。她正气得想好好教训儿子一顿的时候，儿子手中拿着几块石块，满脸兴奋地跑了过来。

"妈妈，你看这石头上的花纹，真漂亮，放在我们家的金鱼缸里，小金鱼肯定喜欢得很。"儿子举着石块对 A 女士说。

"是的，你真有眼光，这石块的花纹很特别，像向日葵花，哦，还像一只缩着头的乌龟呢。"A 女士看着儿子无邪的脸，不由改变了主意。

这是一件小事，但如果 A 女士一怒之下打她儿子一顿，以后她儿子心中始终会存有阴影，会因顾虑母亲而放弃许多事。

要激励孩子进步。随着年龄的增大，对世界了解的加深，孩子们开始变得比较成熟，开始有主见起来。这就是一个进步过程，这个过程中的激励是十分必要的。

进步分大的进步和小的进步。我们绝不能忽略那一点点的进步，正是这一小点一小点的进步促成了他的成熟。孩子们昨天问你星星有没有妈妈，你觉得他问得有点幼稚可笑。今天他问你星星到底距我们多远，你觉得很正常。但到有一天你儿子突然告诉你星星分恒星、行星、卫星等，恒星能发光，太阳是太阳系里唯一的一颗恒星时，你是否觉得很突然？如果是，证明你平时没有注意孩子的一点点的进步。

当你的孩子自己把房间收拾得整整齐齐；当你的孩子做好了饭菜等你回来吃；当你的孩子告诉你今天坐车时把座位让给了一位老太太；当你的孩子说昨天晚上学到 12 点，终于完成了所有任务……你觉得他们那时最期盼的是什么？是你的一句赞扬啊！你这时肯定知道孩子有进步了，开始慢慢长大了。你会不因此而高兴吗？

当孩子具有一定的审美观后，他们开始有了对美的追求。他们开始讲究穿戴，开始注意发型，开始在异性面前表现自己。这时，外界的氛围对其心态影响较大。如果别人说他（她）穿的合身，说他（她）的身材好或发型很酷，表面上他们肯定显得挺不好意思的，但内心却很是乐意于此。当然美不仅仅是外在的，更重要的是内在美。内在美主要是思想素质问题，包括对祖国的热爱、对父母的孝敬、对别人的尊重、对社会秩序的遵守；热爱劳动、热爱生活等。这都非一日之功形成的，需要成人的时时指正，并有效地激励他们追求美。

最后，还要强调的是：对孩子意志力、勇气、自信心的赞扬。

爱迪生说"成功是一分天才加九十九分汗水"，好多人具有一分天才，可是为什么他们还是不曾成功？（即使他们也付出过汗水）就因为他们没有坚强的意志力和自信心。本来要九十九分汗水，你付出二十分、三十分甚至九十八分也不能成功，只有坚持到最后才行。

孩子们就像一块未被雕塑的美玉，好父母总能看到这块玉身上的可塑之处，然后把它变成世上最美的玉。

赞赏孩子的冒险精神

2 岁半的保罗总是喜欢闯祸，而且又很固执，什么事都想管一管，可怎么也管不好。这可和 2 岁时那好脾气相差得太远了。

保罗的爸爸曾经认真地学习过看护孩子，可还是被保罗弄得晕头转向的，整日不得安宁。

现在保罗白天可不大愿意待在院子里，他要爸爸带他出去玩。爸爸也知道，这一时期保罗特别喜欢新事物，不如带他去看看外面的世界，也好增长见识。在一个天气晴朗的周末，按计划全家四口人到郊外去野餐。大儿子迈克异常兴奋，早早准备好，等着出发。保罗更是乐得直在地板上打了好几个滚。这天上午，他们开着车，带了一些野餐的工具和食品出发了。

他们选择了一个宁静的、靠着河边的小草坪坐下，就开始准备午餐。这时，最忙的不是妈妈而是保罗了。他跟着迈克去打水，而且非得自己拿一个壶。迈克把水倒到小锅里时，保罗自然当仁不让，倒他自己拿的那一壶，结果把刚点的火又给扑灭了。气得爸爸直摇头，哼了一声："哪来的灭火专家？"保罗反问了一句："爸爸，灭火专家在哪儿？"说着四处张望，寻找灭火专家。

吃过午饭，保罗开始进行现场指挥，叫爸爸去洗锅，妈妈去倒垃圾，最气人的是他居然还叫迈克给他拿自己的玩具枪。迈克自然不干，结果保罗在那里大闹一场，最后迈克在爸爸的"威胁"之下恶狠狠地把小玩具枪塞到保罗的怀里，保罗立即破涕为笑，玩起他的枪来了。

爸爸与迈克一起到河边去钓鱼了，妈妈和保罗在河边散步。保罗刚开始还是牵着妈妈的手，后来，他不知被什么吸引住了，一个人落在妈妈的后面，独自去看个究竟。直到听到保罗叫了一声："妈妈，快来看！黄蝴蝶！"妈妈才意识到保罗离她都有6米远了。不过她也不着急，毕竟这还算比较安全，在她的控制范围之内。况且看到他神采飞扬的样子，妈妈的心里也多了些安慰：保罗长大了。于是又回过头去，和保罗去寻找那黄蝴蝶去了。

过了一阵子，迈克和爸爸钓鱼回来了，还真有不小的收获，保罗一看水桶里有活蹦乱跳的鱼，又兴奋起来了，非得伸手去抓弄一阵。幸亏有一条鱼来了个"鲤鱼打挺"，他才害怕地放手。

冒险，是儿童的天性。在保罗这样年龄的儿童看来，世界对他们来说实在是太新奇了，在这之前，他们还基本上待在房间里，最多也就是在院子的附近逗留一会儿而已，而现在他们能很稳地走路，而且可以不像以前一样那么关注自己的脚是否走好。事实上，他们根本很少关注这些细枝末节，虽然也偶尔跌跤。如果父母在这个时期很少让孩子到外面去玩，那孩子的脾气会很容易变得愈加固执。不过，在这个阶段，儿童的固执几乎成为一个显著的特征，因为他们希望表现自己的能力，他们还习惯于命令别人按照他的意志去行事，比如保罗叫爸爸去洗碗，如果妈妈代劳，多半会以失败而告终。

去郊外玩，那可是这个时期儿童最热切期望的。这个时期，儿童对每一样事物都感到好奇，非得亲自去尝试着接触、感觉。如果你全神贯注于聊天，你会发现，即使是你慢悠悠地散步，也会很快地把孩子抛在后面，如果恰好是在人多或者树丛较多的地方，你可得费一番功夫才会找到他。而此时，他正在摆弄着开着小花的小树枝或者趴在地上看着小蚂蚁搬家呢。所以说，这个时期的儿童最容易走失。不过，细心的父母也会发现，只要在你们的视线以内，一般儿童是不慌不忙的，而如果离开了你们的视线，儿童一旦意识到了这一点，他们会大声地哭着喊："妈妈在哪里，妈妈快来！"一旦他有什么新"发现"，首先他也会喊着父母和他一起分享。如果这个时候能对他进行一些自然常识的教育，会给他更多的信心，他还会问你一些意想不到的问题。而如果你不愿意与他分享这份浪漫的发现，久而久之，他也会兴趣大减，好奇心消退，对他今后的发展势必造成不良影响。

所以，你如果是宽容的父母，对他就应该"放任"一些，给他自由活动的空间，至多加以一定的教育引导。让孩子按照天性自由地成长，那他的世界里就会充满欢笑，你的生活里也会充满阳光。

11岁的美美星期六想和同学去逛百货商场，然后看场晚上7点的电影，大约九点半以后再回家。妈妈不知道该如何回应美美的要求，"五年级的孩子可以自己去逛百货公司、看电影吗？"

"妈！求求你让我去嘛！"美美不停地说服妈妈，"其他的同学都去过了，只剩下我。她们都笑我像个小木偶一样，什么事都不会自己做！""可是，让你们自己去逛商场我真的很不放心。"妈妈回答。

"大家都这样，为什么我就不行！"美美开始掉眼泪。

"美美，我先打电话给小红的妈妈，"妈妈希望有更多时间和资讯来做决定，"你和小红是好朋友，我想看看她妈妈是怎么决定的。"

"你打电话来真好，"接到美美妈妈来电，小红的妈妈说，"小红和美美一样，吵个不停，说的话也都一样。我之前打过电话给李丽的妈妈，她的情形也一样。"

"那我们是不是该一起商量，看怎么处理这件事情比较好。否则，听孩子说起来，我们好像很不近人情，把她们当木偶一样操控在手里。"美美妈妈笑着说。

最后，妈妈们决定让孩子们星期六去逛百货商场 2 小时，晚上如果要看电影，必须有一个大人陪同。这样，大人也比较安心。孩子们被迫同意了，但她们完全没有了原来的兴致。

请记住，孩子不是用规矩约束就可以教得好的，也不是整天在你眼皮子底下就会学好的。外面的天空很大，他们具有天生的冒险意识，需要去自己闯一闯。不要总想着，可能会出错，可能会惹祸，毕竟敢于冒险的孩子是可爱的。试着站在他们的立场上，给予支持和鼓励吧！

欣赏孩子的善良和有爱心

如果在我们周围没有善良与关爱，那么这个世界将是一块凄凉之地。如果你仔细观察，你就会在许多地方看到，并会感受到善良与爱心的存在。例如，在你的家里、左邻右舍、医院的候诊室、孩子的学校里，许多人正慷慨地付出时间、精力与金钱，帮助那些需要帮助的人。他们认为，自己从给予别人的帮助中所得到的东西，远远超出从接受别人的帮助中所得到的。实际上，不论是给予者还是接受者，他们都从善良与关怀中获益。正是这一美德，将我们的社会牢牢地凝聚在一起。

8岁的小文和妈妈一起来到商店。当他妈妈正在商店购买晚饭食品时，他决定到商店外面去等妈妈。这时，他看到一位妇女，大约与他奶奶年龄相仿，提着满满的一包东西走向门口。出于本能，他紧走几步，替老奶奶打开了门，老奶奶对他的体贴报以热情的感谢。

不一会儿，一位年轻的母亲走过来了。她一手抱着婴儿，一手提着购物袋。小文再次敏捷地打开了大门，又得到真诚的感谢。后来，又走过来一位手端咖啡的男人、一位老年妇女、两个边走边聊的少年，小文为他们每个人开门，得到每个人的感谢。

小文想象到这些人心里的感受（即使他们都没有说出来），为此而激动不已。

17岁的小梁更了不起。小梁家境贫寒，他较早就帮父母挑起了生活的重担。经亲戚的介绍，他找到一份汽车修配厂的工作。然而，他在那儿刚刚干了两周，便被老板解雇了。回到家中，父亲问他为何被老板解雇，小梁回答说："有一位年轻人到汽车修配厂，取自己前几天送来修理的车。老板一见到这位年轻人，就告诉他说，他送来的车已修理好了。我知道老板在对他说谎，于是便如实相告。老板让手底下的修理工人所做的，只是简单调节一下化油器，而对于这辆车的真正毛病，并没有进行修理。"这位17岁的小伙子知道，来修车的年轻人计划在车修好之后，开车带着全家人前去旅游。如果自己不把实情告诉他的话，那么他的一家人在漫长的旅途中，时时都面临着危险。"我绝对不能让他们出事，哪怕我因此而丢了饭碗。"这位小伙子说道。

父亲眼里闪着光，说道："小梁，你做得好！"

哥伦布大学德育中心主任、儿童心理学家迈克尔·斯卡尔曼说道："如果我们富于同情心，那么当别人处于危难境地时，我们就有一种帮助对方的强烈冲动。"斯卡尔曼把青少年们的美德，归功于他们能够设身处地为他人着想——同情他人。

儿童发育心理学家指出，同情心实际上包括两个方面：对他人的情感反应和认知反应。前者一般在孩子6岁之前发育成熟；后者决定较大孩子理解他人观点和感情的深浅程度。

婴儿1岁前就有对别人的情感反应。如果旁边有孩子哭，婴儿会不断地转向他，并时时随之一起哭。儿童发育心理学家马丁·霍夫曼把这种现象称为"全球同情心"，因为这时孩子还不能区分自己和世界，因而把别的孩子的痛苦视同自己的。

1～2岁时，进入同情心发育的第二个阶段，孩子能清楚地分辨自己和他人的痛苦，并且具备了试图减轻他人痛苦的本能。

6岁时，孩子开始了同情心发育的认知反应阶段，具备了根据别人的想法和行为来看待问题的能力。这种能力使得孩子们知道什么时候该去安慰正哭泣的同伴，什么时候该让他独处。认知同情心无须交流（如哭泣等），因为他们内心明白痛苦时的感受，无论这种感受是否表现出来。

到 10 ~ 12 岁时，孩子们的同情心从认识的或直接看得到的人身上扩展到陌生人身上。这阶段被称作抽象同情心阶段。孩子们对处于劣势的人，无论是否生活在同一社区或同一家庭，都能表示同情。如果孩子对他人表现出仁慈和无私，那么我们就可以说他们已经完全掌握表达同情心技能了。

请千万记住，善良与仁爱是每个正在成长的孩子生命中最基本的要素。透过他们的善良，孩子为世界贡献了一分力量；透过他们的爱心，孩子优化了自身的品格。爱心需要长期培养，它们也能使我们更趋成熟。

从生活点滴培养孩子的自信

一个三口之家来到餐厅用餐，服务生先问母亲要点什么，接着问父亲要点什么，之后问坐在一边的小女儿："亲爱的，你要点什么呢？"

女孩说："我想要热狗。"

"不可以，今天你要吃牛肉三明治。"母亲非常坚决地说。

"再给她一点生菜。"父亲补充道。

服务生没有理会父母的提示，目不转睛地注视着女孩问："亲爱的，热狗上要放什么？"

"哦，一点西红柿酱和黄酱，还要……"她停下来怯怯地看一眼父母，服务生一直微笑着耐心等着她。女孩在服务生的目光鼓励下说："还要一点炸土豆条。"

"好，谢谢。"服务生转身径直走进厨房，留下两位半张着口、吃惊不已的父母。

"你们知道吗？"女儿避开父母的目光，望着远处轻声细语地说："原来我也没当真的。"

可以想象，这个服务生带给女孩的不单单是平等，更多的是自信。

在我们的生活中经常看到这样的情形：

当2岁的孩子要帮妈妈收拾桌子，妈妈会不耐烦地夺过碗碟："小宝贝，你会把碟子摔碎的！"为了不使碟子破碎，结果却使孩子的自信心破碎。

3岁的孩子在自己穿鞋。"来，儿子，妈妈给你穿，你穿得太慢。"妈妈抱过孩子，三下两下系好鞋带。面对妈妈熟练的技巧孩子感觉到自己的不足。

4岁的孩子看着妈妈给花浇水，他走过去，小心翼翼地拿起水壶，想要帮助妈妈。"别动，孩子，"妈妈说，"把水洒到身上了，让妈妈干吧，你还小着呢。"

妈妈无意识地打击了孩子的自我表现欲，她使孩子认识到自己是多么渺小，降低了孩子对自我能力的认识。

在一个孩子的成长过程中，接受鼓励而产生自信心是非常重要的成长内容。

在孩子的幼年时期，面对着大千世界，他们常常感到束手无策。但是，仍然有勇气进行各种尝试，学习各种方法，以使自己适应，使自己能够融入这个世界中。但是在这个时候，作为成年人的父母往往无意之中给他们设置了许多障碍，而不是帮助他们。父母这样做的根本原因是不相信他们的能力。

在大人的意识中已形成一定的偏见，如2岁的孩子如果帮助你拿盘子的时候，你对他说："不要动它，你会打碎它的。"这样你虽然保全了那个盘子，但是你的举动在他的信心上投下了阴影，而且推迟了他的某种能力的发展，或许你阻止了一个小天才的产生。大人们常常不经心地向孩子们展示自己多么有能力、有魄力、有气力。大人的很多话，像"你怎么把房间搞得这么乱""你怎么把衣服穿反了"，都是在向孩子们显示他们是多么的无能，是多么的缺乏经验。这么做只会使孩子们慢慢地失去信心，失去了自己努力去探索、去追求、去锻炼自己的自觉性。

作为家长常常还有一种先入为主的概念，认为孩子到了某种年龄，才能做某种事情，否则的话，他就是太小，太缺乏能力，不能做这类事情。但是往往孩子在那个时刻是可以做得很好的，但是大人却人为地推迟了他学会本领的时间。而这种做法，无一不使孩子失去自信，怀疑自己的能力，减弱他们的进取心。这些消极思想可能会影响孩子的一生。

孩子的自信程度是表现在他的行为中的，如果孩子缺乏对自己能力的自信，对自己价值的信任，那么他所表现出来的就是缺乏效率、缺乏积极主动性，他不会通过积极参与和贡献，来寻找自己的归属感。没有自信的孩子会很轻易地放弃任何努力，表现出自己是无用的，而且有时还故意做出逆反的事情，这样做的原因是他认为自己是无能的，不能做出任何有意义的贡献，是没有价值的，那么还不如做些恼人的具体事情，这样起码能得到别人的注意。

你对孩子的赞许和鼓励是至关重要的，你对他们的反应有助于形成他们的自尊。当你信任你的孩子，并让他体会到自己是一个有价值的、有能力的人时，孩子会渐渐坚信自己具备这些品质。你的反应对孩子来说，像一面镜子，可以反馈给他一个关于他自身价值的积极信息。在鼓励孩子尽其所能地坐、爬、走、交友、分享与他人的快乐，以及学习的同时，也是对其知识、才能毅力以及成绩的具体的、积极的肯定。他越有成就感，就越有信心。自信的增长不仅仅来自有心的家长经常给予的表扬和鼓励，而且来自他对自己的能力和自身价值的信念。

尽情地鼓励孩子表现自我吧，因为这正是他们成长的过程。

让孩子讲信用、负责任

优秀的父母必须让孩子知道，要言出必行，说话算话。要教育孩子对别人讲信用、负责任，首先就要从自身做起，给孩子树立榜样，答应的事情就要做到。只有说话算话的父母才能在孩子心目中树立起威信。

苏梅有一次到一个英国朋友家去玩，这位英国朋友有个 3 岁的孩子，非要跟苏梅一块儿洗澡，苏梅就敷衍她："你先洗我一会儿就去。"等这孩子洗完澡后，苏梅仍没有去，孩子哭了，说苏梅骗她。孩子的妈妈也跟苏梅急了："你怎么能骗孩子呢？你既然答应和孩子一块儿洗澡，就要跟她洗……"

看了这个例子，你有何感想？想一想如果你是文中孩子的妈妈，你会怎么做？

许多时候，你是不是为了达到目的，随口哄哄孩子做出承诺，而后来也没有兑现？

苏梅的行为是中国众多妈妈的一个典型缩影。

有太多的家长在孩子面前言而无信。比如，孩子哭闹时，妈妈常用许诺来哄孩子："别哭了，回头妈妈给你买辆小汽车。"但妈妈并不兑现这随口的许诺。孩子却信以为真，满怀希望地等待着，然而一次次的许诺都不过是"空头支票"，孩子的一次次希望都成泡影。这样下去，孩子不仅逐渐失去了对妈妈的信任，也慢慢地学会了说谎。妈妈只有在孩子面前信守诺言，才能真正树立威信，同时也会给孩子良好的教育，影响孩子以后的言行。

遵守承诺为君子，诚信待人才显人品。一个信守自己承诺的人，是一个有人格魅力的人；而一个视承诺为儿戏的人，自然不会得到别人的信赖。在家教当中，我们要有意识地加强孩子信守承诺的认识，借以培养孩子的诚信品质。

然而，在现实生活当中，值得我们反思的是，许多家长并没有信守承诺的习惯。他们往往向孩子许下这样那样的承诺，但一转身就让其随风而逝，很少有兑现的时候。久而久之，孩子对父母的做法习以为常，也就不会去遵守自己许下的承诺。要知道，承诺是必须兑现的誓言，是不容随便变更的。在哄骗中长大的孩子，已不会对自己的承诺负责，也就常常做出违反诚信原则的事情。

有一个美国孩子，他父亲早逝。父亲去世时留下一堆债务。若按常规，欠债人已去，把他的商品拍卖分掉，债务差不多也就算了。但是这孩子一一拜访债主，希望他们宽限自己，并保证父亲留下的债务分文不少地还掉。后来这孩子果然历20年之功，把父亲留下的债务，连本带息、分文不落地全还了。周围的人都非常感动，知道他是一个可靠之人，也就都非常愿意和他做生意。结果这孩子不但赢得了别人的合作，也赢得了他人的尊敬。

家长应教育孩子在答应别人之前，要慎重考虑自己有没有能力和把握做到，对不能做到的，就不要轻易答应；对比较有把握做到的，也应留有余地，不要大包大揽。

孔子说："言而无信，不知其可也。"言而有信，是做人最基本的道德要求，我们一再强调信守承诺的重要，值得每位父母去身体力行。

父母对孩子必须言而有信、以诚相待，这样，孩子才会对父母产生充分的信任感，也才愿意把自己的心里话告诉父母。父母是孩子的镜子，也是孩子模仿的对象，也只有说话算话的父母才能在子女心目中树立起威信来，才能避免孩子养成说谎的习惯。

以身作则，培养诚实的孩子

美国一位著名心理学家为了研究早期教育对人一生的影响，在全美选出 50 位成功人士，他们都在各自的行业中获得了卓越的成就；同时又选出 50 位有犯罪记录的人，分别给他们去信，请他们谈谈父母对他们的影响。有两封回信给他的印象最深。一封来自白宫一位著名人士，一封来自监狱一位服刑的犯人。他们谈的都是同一件事：小时候母亲给他们分苹果。

那位来自监狱的犯人在信中这样写道：

"小时候，有一天，妈妈拿来几个苹果，红红绿绿，大小不同。我一眼就看中一个又红又大的苹果，十分喜欢，非常想要。这时，妈妈把苹果放在桌上，问我和弟弟：你们想要哪个？我刚想说要最大最红的一个，这时弟弟抢先说了我想说的话。妈妈听了，瞪了他一眼，责备他说：'好孩子要学会把好东西让给别人，不能总想着自己。'

"于是，我灵机一动，改口说：'妈妈，我想要那个最小的，最大的留给弟弟吧。'

"妈妈听了，非常高兴，在我的脸上亲了一下，并把那个又红又大的苹果奖励给我。我得到了我想要的东西，从此我学会了说谎。以后，我又学会了打架、偷、抢，为了得到想要得到的东西，我不择手段。直到现在，我被送进监狱。"

那位来自白宫的著名人士是这样写的：

"小时候，有一天，妈妈拿来几个苹果，红红绿绿，大小不同。我和弟弟们都争着要大的，妈妈把那个最大最红的苹果举在手中，对我们说：'这个苹果最大最红最好吃，谁都想要得到它。很好，现在，让我们来做个比赛，我把门前的草坪分成三块，你们三人一人一块，负责修剪好，谁干得最快最好，谁就有权得到大苹果！'我们三人比赛除草，结果我赢得了那个最大的苹果。

"我非常感谢母亲，她让我明白一个最简单也最重要的道理：要想得到最好的，就必须努力争第一。她一直都是这样教育我们，同时自己也是这样做的。在我们家里，你想要什么好东西都要通过比赛来赢得，这很公平，你想要什么、想要多少，就必须为此付出努力和代价！"

小时候，父母给孩子灌输的是一种什么样的心态，他长大了便会用什么样的心态去对待身边的事与物，你也可以通过分苹果这样的小事，给孩子灌输一种积极诚实的心态。如果你对孩子撒谎睁一只眼、闭一只眼、不闻不问、听之任之，就会变成一种放纵，孩子会越说越厉害，直至走上邪路。

让孩子把一件事情坚持做下去

坚持下去，已经成为所有卓越人物的共同点，也已经成为他们生活中的一个基调。父母要让孩子知道，每一个成功的人，在确定了自己的正确道路之后，都在不屈不挠地坚持着、忍耐着，直到胜利。波斯作家萨迪在《蔷薇园》中写道："事业常成于坚持，毁于急躁。我在沙漠中曾亲眼看见，匆忙的旅人落在从容者的后面；疾驰的骏马落后，缓步的骆驼却不断前进。"

坚持对于一个人成就事业是相当重要的。说起来，一个人克服一点困难也许并不难，难的是能够持之以恒地做下去，直到最后成功。

其实，很多时候成功与失败的差距往往仅一步之遥，父母要告诉孩子，只要咬紧牙关再坚持一下，便会拥抱胜利。但是，许多人正是因为在前面的困难中已经筋疲力尽，在最后的关头，即使遇到一个微小的困难或障碍都可能放弃而导致前功尽弃。事实上，对于孩子来说，胆怯懦弱是普遍存在的。美国斯坦福大学心理学家菲利普·津巴多在 20 世纪七八十年代对近万人的调查中发现，大约有 40% 的人认为自己胆怯、腼腆。胆怯有许多表现形式，如公共场所胆怯、社交胆怯、特定情境胆怯、特殊动物胆怯等。

"习惯是人的第二天性""教育孩子，就是逐渐培养他们良好的习惯"，这两句话告诉我们，好习惯是培养出来的，把教育内容以习惯的方式在孩子心中固定下来，随时随地应用，形成一种本能。在培养的过程中离不开坚持不懈，父母培养孩子坚持不懈的一种习惯，有利于许多好习惯的养成，有利于整个教育的顺利进行。

培养孩子做事有始有终、坚持不懈的好习惯，父母可以通过以下两点来教育孩子：

1. 让孩子做事有目标

父母可以为孩子设定一个目标，然后要促使孩子针对目标来采取行动，并在其身边推动这种行动的进行。父母可以在孩子完成目标的过程中鼓励他，但是不可以帮助他完成，要让他独立完成；当孩子想半途而废的时候，父母要制止他的行为，一定要让他把这件事做下去，实现既定的目标。

在实现奋斗目标的过程中，设立既定目标将会激励人们去克服困难，坚持不懈地去奋斗。实现既定目标的愿望越强烈，施行起来就越持久、越彻底。

父母在激发孩子成就大业的兴趣与耐力的时候，需要向孩子作远大志向的教育，树立正确的价值观、帮助孩子确立间接的远景性目标。但是仅仅靠这些是远远不够的，因为远景性的目标与孩子的当前实际情况有相当一段距离，而真正让孩子更加努力地为实现既定目标而奋斗，父母应该从小激发孩子内发性动机力量，并从小事培养孩子持之以恒的决心。

2. "磨难"是培养毅力的沃土

随着生活水平的日益提高，"磨难"对于孩子们来说是一个接近陌生的词语。但是许多事实证明"自古雄才多磨难，梅花香自苦寒来"。

张海迪自幼截瘫，无法上学，但为了学习文化，她长期不顾一切地顽强学习，终于成为作家，便是很好的一个例子。能不能坚持下去，其关键在于能否以不屈的意志、顽强的精神来与噩运抗争，创造出奇迹，做出常人无法做到的事情。

在顺境中成长的孩子，磨难可能成为他们的致命伤；而在逆境中长大的孩子，磨难却成了人生道路上一笔可观的财富。因此，父母应该在日常生活中给自己的孩子设置一些障碍，让他独立克服障碍、跨越障碍，父母可以在旁边关注，必要时要给予适当帮助，以此锻炼孩子面对"困难"而坚持不懈的毅力。

在困境中坚持不懈是逆商的精华所在。这种坚持的力量是一种即使面临失败、挫折仍然继续努力的能力。我们常常能够观察到，正确对待逆境的销售人员、军人、学生和运动员等能从失败中恢复并继续坚持前进，而当遇到逆境时不能正确对待的人则常常会轻易放弃。

意志力坚强的人懂得培养自己的恒心和毅力，并将它变成一种习惯，无论遭受多少挫折，仍坚持朝成功的顶端迈进，直至抵达为止。

经得起考验的高逆商者常常以其恒心耐力获酬甚丰。作为吃苦耐劳坚韧不拔的补偿，不论他们所追求的目标是什么，都能如愿以偿。他们还将得到比物质报酬更重要的经验："每一次失败都伴随着一颗同等利益的成功种子。"

英国首相丘吉尔不仅是杰出的政治家，而且是著名的演讲家，十分推崇面对逆境坚持不懈的精神。他生命中的最后一次演讲是在一所大学的结业典礼上，演讲的全过程大概持续了 20 分钟，但是在那 20 分钟内，他重点只强调了两句话，而且是相同的两句话：坚持到底，永不放弃！坚持到底，永不放弃！

这场演讲是成功学演讲史上的经典之作。丘吉尔用他一生的成功经验告诉人们：成功根本没有什么秘诀可言，如果真有的话，就是两个：第一个就是坚持到底，永不放弃；第二个就是当你想放弃的时候，回过头来看看第一个秘诀：坚持到底，永不放弃。

告诉孩子：敏锐的观察力、果断的行动和坚持的毅力是成功的必备要素，你可能用敏锐的目光去发现了机遇，同时也能用果断的行动去抓住机遇，但是最后还是需要用你坚持的毅力才能把机遇变成真正的成功。

亲子关系
——孩子一生价值千万的财富

赏识孩子的自我管理能力

小张夫妇10岁的儿子扬扬考试得了满分。儿子平时勤奋好学，又好动脑，速算、抢答题都是他最先做完，思考题、作文也是班上做得最好的。

当人们让小张夫妇介绍一下他们是怎样教育自己的儿子时，他们是这样说的："我们从来不管儿子的作业，也从不看着他学习。从儿子上学之前，我们就开始给他灌输一种观念——学习只是他自己的事，将来就算是有出息也是他自己的事。我们一直在给儿子讲这一道理，几年来，我们都把责任还给了他自己，同时我们也把自由还给了他自己。我们的儿子每天的作业基本上都是在学校里完成的，即使是作业多做不完，他回家后的第一件事也是做完作业。我们要求他每晚8点半之前睡觉，有一次他贪玩结果忘了做作业，到睡觉时才想起，我们却告诉他，作业没完成是你自己的事，只有等着明天挨老师的批评吧，现在是睡觉时间，你一定上床去睡觉。从那以后，儿子就真的再也没有耽误过他的学业。"

事实的确如此。正是由于小张夫妇平时不管孩子，实行"无为"而治，才使得自己的孩子有了许多的自由，也使他产生了许多自己的兴趣与爱好。没有家庭作业的时候，儿子会一边查字典一边读安徒生童话、格林童话、伊索寓言和其他的一些有趣的故事，有时家长问他为什么爱读这些书，他就告诉家长说因为他的同学们都爱听他讲故事。小张夫妇的儿子还爱画漫画，他把家长、亲人、老师同学都画到他的画里，他说这样是很有趣好玩的。母亲过生日时，他送给母亲一张他自己画的漫画作为生日礼物，那张画面上他画了一个小老虎，用头顶着一本厚厚的书，然后递到一头戴着眼镜的大牛面前。儿子跟母亲解释说："我是虎，你是牛，你平时爱看书，所以我送给你一本厚厚的书。"

小张夫妇的儿子生性是自由的。家长告诉他，做儿子的是可以跟自己的家长讲理的，每当他做错了事，家长从来不打骂他，而只是与他讲道理，一直到他自己明白是自己做错了为止。

家长也从不因为考试成绩好而去奖励儿子，因为他们要让儿子明白，学习的好坏其实是自己的事，既然学习是自己的事，那又凭什么要家长给他奖励呢？

小张夫妇联系当前家庭教育的现状，一针见血地指出，现在有太多太多的家长望子成龙心切，他们是一心想让自己孩子成才，于是就替孩子做出一切属于孩子自己的选择，也陪着孩子做一切，结果使他们的孩子认为学习仿佛是家长的事，自己是在为家长而学习。这样下去，本来是望子成龙的家长，相反却剥夺了孩子的学习自由，又把孩子应负的责任担在了自己的肩上，到头来，他们的孩子肯定很难成龙，因为任何没有奋发向上的愿望的孩子将来是不可能腾飞的。

他们呼吁：家长应该把"望子成龙"的心情改为"让子成

龙"的心态。给孩子创造一个良好的环境，同时给孩子树立一个比较好的榜样，让孩子能有更多选择的自由，也让孩子有更多的责任感，设法去激发孩子的"成龙"热情，激发孩子潜在的创造力和学习欲望，让孩子自己去渴望"成龙"，这样一来，孩子才能真正成为一条"龙"。

总而言之，家长不妨试试无为而治，站在第三者的角度来让孩子发挥自我管理的天性吧。也许，他们的表现会让你惊异呢！